Na brzegu rzeki Piedry
usiadłam i płakałam

Paulo Coelho

Na brzegu rzeki Piedry usiadłam i płakałam

Przełożyli
Basia Stępień
Andrzej Kowalski

tytuł oryginału
Na margem do rio Piedra eu sentei e chorei

koncepcja graficzna
Michał Batory

zdjęcia
Myr Muratet

redakcja i korekta
Agnieszka Dziembiej

przygotowanie do druku
PRESSENTER

wydawca dedykuje tę książkę
**Maleńkiej Marysi,
która z ciekawością odkrywa
świat
i gada, gada, gada...**

Drzewo Babel
ul. Litewska 10/11 • 00-581 Warszawa
listy@drzewobabel.pl
www.drzewobabel.pl

ISBN 978-83-917239-0-6 (wydanie płótno)
ISBN 978-83- 904230-7-4 (wydanie broszura)

Dla I.C. i S.B., których
wspólnota
w miłości pozwoliła mi dojrzeć
kobiece oblicze Boga;

Moniki Antunez, wiernego
druha mojej pracy, która
rozjaśnia świat miłością i
entuzjazmem;

Paulo Rocco za radość bitew,
które wspólnie stoczyliśmy
i godność potyczek,
które prowadziliśmy przeciw
sobie;

Matthew Lore, bo nigdy
nie zapomniał pełnych
mądrości
słów z księgi I Cing:

"Wytrwałość przynosi
pomyślny los".

*A jednak
wszystkie dzieci mądrości
przyznały jej słuszność.*

Ewangelia św. Łukasza, VII: 35

Od autora

Pewien hiszpański misjonarz odwiedzający nieznaną wyspę napotkał tam trzech azteckich kapłanów.
– Powiedzcie mi, jak się tu modlicie? – zapytał.
– Znamy tylko jedną modlitwę – rzekł jeden z Azteków. – Oto ona: „Boże, Ty jesteś Trójcą i my jesteśmy trójcą. Miej litość nad nami".
– To piękne słowa – odpowiedział misjonarz. – Wszelako nie takiej modlitwy Bóg wysłucha. Nauczę was innej, o wiele lepszej.
I nauczył ich modlitwy chrześcijańskiej, po czym podjął swą ewangeliczną wędrówkę. Po latach, gdy płynął z powrotem do Hiszpanii, jego statek ponownie przybił do brzegów owej wyspy. Dostrzegłszy z pokładu trzech znajomych kapłanów, uczynił gest powitania w ich stronę.
A wtedy trzej mężowie ruszyli ku niemu, stąpając po wodzie.
– Ojcze! Ojcze! – zawołał jeden z nich, zbliżając się do statku. – Naucz nas, proszę, raz jeszcze modli-

twy, której Bóg wysłucha, albowiem nie zdołaliśmy jej zapamiętać!

– Nie warto – rzekł misjonarz, widząc, że stał się cud. W duchu zaś prosił Boga, by mu wybaczył, że dotąd nie pojął, iż przemawia On przecież we wszystkich językach.

Historia ta ilustruje dokładnie to, co pragnę przekazać czytelnikowi w niniejszej powieści. Rzadko bowiem zdajemy sobie sprawę, że żyjemy otoczeni Niezwykłością. Wokół nas codziennie dzieją się cuda, Boskie znaki wytyczają nam drogę, zaś anioły próbują na wszelkie sposoby dać znać o sobie. Jednak nie zwracamy na to większej uwagi, ponieważ nauczono nas, że jedynie kanony i nakazy prowadzą do Boga. Nie jesteśmy w stanie pojąć, że On jest wszędzie tam, gdzie pozwalamy Mu wejść.

Oczywiście, że tradycyjne praktyki religijne są ważne, gdyż dają nam możliwość wspólnego przeżywania kultu i modlitwy. Niemniej nigdy nie powinniśmy zapominać o tym, iż doznanie duchowe jest nade wszystko *praktycznym* doświadczaniem Miłości. A w Miłości nie ma żadnych reguł. Choćbyśmy trzymali się wiernie podręczników, sprawowali nadzór nad sercem, postępowali zgodnie z góry ustalonym planem – wszystko to nie zda się na nic. Bowiem o wszystkim decyduje serce i ono ustanawia prawa.

Każdy z nas miał okazję doświadczyć tego na własnej skórze. Nieraz zdarzyło się nam skarżyć we łzach: „Cierpię z powodu miłości, która tego niewarta". Cierpimy, bo czujemy, że dajemy więcej, niż otrzymujemy w zamian. Cierpimy, bo nasza miłość jest nie doceniana. Cierpimy, bo nie udaje nam się narzucić naszych reguł gry.

Ale cierpimy przecież daremnie, bo już w samej miłości tkwi ziarno naszego rozkwitu. Im bardziej kochamy, tym bardziej zbliżamy się do duchowego poznania. Ludzie oświeceni, o sercach rozpalonych Miłością, zawsze zwyciężali przesądy swojej epoki. Śpiewając, śmiejąc się, modląc na głos, tańcząc doznawali tego, co święty Paweł zwykł obdarzać mianem „świętego szaleństwa". Byli to ludzie szczęśliwi, ponieważ ten, kto kocha, podbija świat – bez obawy, że cokolwiek utraci. Prawdziwa miłość to akt całkowitego oddania.

Na brzegu rzeki Piedry usiadłam i płakałam jest książką o istocie owego daru. Pilar i jej przyjaciel są postaciami fikcyjnymi, symbolizującymi sprzeczności, które towarzyszą nam w poszukiwaniu Drugiego Człowieka. Wcześniej czy później nadchodzi czas, by przezwyciężyć nasze lęki, gdyż droga duchowa wiedzie poprzez codzienne doświadczanie miłości.

Brat Tomasz Merton mawiał: „Życie duchowe nie jest niczym innym, jak właśnie miłością. Kochać wcale nie znaczy czynić dobro, wspomagać czy też chronić kogoś, bowiem w ten sposób traktujemy bliźniego jak zwykły przedmiot, zaś siebie samych postrzegamy jako istoty mądre i szlachetne. A to nie ma nic wspólnego z miłością. Kochać – znaczy połączyć się z drugim człowiekiem i dostrzec w nim iskrę Boga".

Niechaj łzy Pilar na brzegu rzeki Piedry wiodą nas drogą ku temu zespoleniu.

Paulo Coelho

Na brzegu rzeki Piedry...

...usiadłam i płakałam. Legenda głosi, że wszystko, co wpada do tej rzeki – liście drzew, owady, pióra ptaków – przemienia się w kamienie spoczywające na jej dnie. Ach, gdybym tak mogła wyrwać serce z mojej piersi i wrzucić je w nurt rzeki... Wtedy nie byłoby więcej bólu, ani tęsknoty, ani wspomnień.

Na brzegu rzeki Piedry usiadłam i płakałam. Zimowy chłód sprawił, iż czułam delikatny dotyk spływających po mojej twarzy łez, i mieszały się one z lodowatą wodą płynącą u mych stóp. Gdzieś daleko rzeka ta zlewa się z inną, a potem jeszcze z inną, aż – z dala od mych oczu i mego serca – wszystkie te wody wtapiają się w morze.

Niech moje łzy popłyną hen, daleko, aby mój ukochany nie dowiedział się nigdy, że płakałam z jego powodu. Niech moje łzy popłyną hen, daleko, a wtedy zapomnę rzekę Piedrę, klasztor, kościół w Pirenejach, wszechobecną mgłę oraz ścież ki, które razem przeszliśmy.

Zapomnę drogi, góry, pola z moich marzeń – marzeń, których się wyparłam.

Jeszcze we mnie tkwi wspomnienie owej magicznej chwili, momentu, w którym jedno „tak" lub jedno „nie" mogło całkowicie odmienić mój los. Zdawać by się mogło, że wydarzyło się to bardzo dawno temu. A przecież upłynął zaledwie tydzień, od kiedy odnalazłam i utraciłam moją miłość.

Na brzegu rzeki Piedry napisałam tę historię. Dłonie mi marzły, nogi drętwiały i często zmuszona byłam przerywać pisanie.

„Spróbuj po prostu żyć. Rozpamiętywanie jest zajęciem starców" – mawiał.

Być może miłość postarza nas przed czasem, albo odmładza, kiedy po młodości nie ma już śladu. Ale jak zapomnieć tamte chwile? Piszę, aby przemienić smutek w tęsknotę, a samotność we wspomnienia, aby potem, kiedy skończę już opowiadać tę historię, móc wrzucić ją do rzeki Piedry, jak powiedziała kobieta, która mnie przygarnęła. A wody – według słów pewnej świętej – mogą ugasić to, co napisał ogień.

Wszystkie historie miłości są takie same.

Całe dzieciństwo i wiek młodzieńczy spędziliśmy razem. Potem on wyjechał daleko, tak jak wyjeżdżają wszyscy chłopcy z małych miast. Mówił, że jedzie poznać świat, że jego marzenia unoszą go daleko od pól Sorii.

Przez parę lat nie miałam od niego żadnych wieści. Od czasu do czasu przychodził wprawdzie jakiś list, ale to było wszystko – nigdy już bowiem nie powrócił do świata naszego dzieciństwa.

Skończyłam szkołę, przeniosłam się do Saragossy i dopiero wtedy odkryłam, jak bardzo miał rację. Soria była maleńką mieściną, a jej jedyny sławny poeta powiedział, że drogę wytycza się idąc. Dostałam się na studia, znalazłam sobie narzeczonego. I rozpoczęłam przygotowania do egzaminu konkursowego na stanowisko urzędnicze, którego nie rozpisywano przez długi czas. Przyjęłam posadę sprzedawczyni, by opłacić studia, oblałam egzamin, zerwałam zaręczyny.

W tym czasie jego listy przychodziły częściej, opatrzone znaczkami pocztowymi z coraz to innych zakątków świata. Zazdrościłam mu. Od dzieciństwa był dla mnie jak starszy brat, który wie wszystko, przemierza świat i pozwala rosnąć swym skrzydłom – podczas gdy ja próbowałam zapuścić korzenie.

Dość nieoczekiwanie jego listy zaczęły przychodzić z jednego miejsca we Francji, i pojawił się w nich Bóg. W jednym z nich wyraził chęć wstąpienia do seminarium duchownego i poświęcenia życia modlitwie. Odpisałam mu, by jeszcze się wstrzymał, by zakosztował smaku wolności, zanim podejmie tak istotną decyzję.

Ale kiedy skończyłam pisać mój list, postanowiłam go podrzeć. Kim byłam, aby prawić mu morały o wolności czy obowiązkach? On wiedział, co znaczą te słowa, ja nie.

Pewnego dnia dowiedziałam się, że prowadzi wykłady. Zdziwiłam się, gdyż był zbyt młody, aby nauczać czegokolwiek. Jednak przed dwoma tygodniami napisał mi, że ma zabrać głos przed niewielką grupą słuchaczy w Madrycie, i że bardzo mu zależy na mojej obecności.

Jechałam cztery godziny z Saragossy do Madrytu, bo zapragnęłam go znowu zobaczyć. Chciałam go posłuchać, posiedzieć w jakiejś kawiarni i powspominać czasy, gdy bawiliśmy się razem i sądziliśmy, że świat jest zbyt duży, aby móc go objechać wokół.

sobota
4 grudnia 1993

Wykład odbywał się w miejscu bardziej oficjalnym, niż sobie to wyobrażałam. Nie spodziewałam się również aż tylu ludzi. W żaden sposób nie umiałam sobie tego wytłumaczyć.

„Kto wie, może przez te lata stał się sławny?" – pomyślałam przez chwilę. O niczym takim nie pisał w swoich listach. Miałam nieprzepartą ochotę porozmawiać z przybyłymi i zapytać, co ich tu przywiodło. Niestety, brakło mi odwagi.

Moje zdziwienie jeszcze się wzmogło, kiedy go ujrzałam wchodzącego na salę. W niczym nie przypominał tamtego chłopca, którego zapamiętałam – ale jedenaście lat może ludzi zmienić. Wydawał się znacznie przystojniejszy niż dawniej, a jego oczy były pełne blasku.

– Oddaje nam to, co było niegdyś nasze – powiedziała stojąca obok kobieta.

Zabrzmiało to zagadkowo.

– Ale co oddaje? – zapytałam zaskoczona.

– To, co nam wcześniej skradziono – wiarę.

– Nieprawda, on nam niczego nie oddaje – wtrąciła młoda dziewczyna siedząca obok mnie. – Oni nie mogą nam oddawać tego, co już do nas należy.

– Po co więc pani tu przyszła? – rzuciła pierwsza z irytacją w głosie.

– Chcę go posłuchać. Pragnę dowiedzieć się, co myślą ludzie jego pokroju. Już raz nas palili na stosie, kto wie, czy nie wpadnie im do głowy zacząć od nowa.

– On działa samotnie – zauważyła kobieta. – I robi to, co w jego mocy.

Młoda dziewczyna uśmiechnęła się ironicznie, po czym odwróciła głowę, ucinając tym samym rozmowę.

– Jak na seminarzystę ma dużo odwagi – ciągnęła dalej kobieta, szukając zapewne poparcia w moich oczach.

Nie rozumiałam nic a nic, milczałam jak zaklęta, aż w końcu dała mi spokój. Młoda dziewczyna siedząca obok mrugnęła do mnie porozumiewawczo, jakbym była jej sprzymierzeńcem. Moje milczenie wynikało jednak z innego powodu. Rozmyślałam nad słowami mojej rozmówczyni. „Seminarzysta". To niemożliwe. Powiedziałby mi przecież.

Zaczął mówić, ale nie potrafiłam się skupić na jego słowach. „Powinnam się chyba była inaczej ubrać" – myślałam, nie wiedząc właściwie, dlaczego miałoby mi na tym zależeć. Wkrótce zauważył mnie wśród zgromadzonych ludzi. Próbowałam odgadnąć jego myśli. Jakie sprawiłam na nim wrażenie? Jaka była różnica pomiędzy osiemnastoletnią dziewczyną a dwudziestodziewięcioletnią kobietą?

Jego głos był ciągle ten sam, jego słowa zmieniły się.

Zawsze trzeba podejmować ryzyko. Tylko wtedy uda nam się pojąć, jak wielkim cudem jest życie, gdy będziemy gotowi przyjąć niespodzianki, jakie niesie nam los.

Bowiem każdego dnia wraz z dobrodziejstwami słońca Bóg obdarza nas chwilą, która jest w stanie zmienić to wszystko, co jest przyczyną naszych nieszczęść. I każdego dnia udajemy, że nie dostrzegamy tej chwili, że ona wcale nie istnieje. Wmawiamy sobie z uporem, że dzień dzisiejszy podobny jest do wczorajszego i do tego, co ma dopiero nadejść. Ale człowiek uważny na dzień, w którym żyje, bez trudu odkrywa magiczną chwilę. Może być ona ukryta w tej porannej porze, kiedy przekręcamy klucz w zamku, w przestrzeni ciszy, która zapada po wieczerzy, w tysiącach i jednej rze-

czy, które wydają się nam takie same. Ten moment istnieje naprawdę, to chwila, w której spływa na nas cała siła gwiazd i pozwala nam czynić cuda. Tylko niekiedy szczęście bywa darem, najczęściej trzeba o nie walczyć. Magiczna chwila dnia pomaga nam dokonywać zmian, sprawia, iż ruszamy na poszukiwanie naszych marzeń. I choć przyjdzie nam cierpieć, choć pojawią się trudności, to wszystko jest jednak ulotne i nie pozostawi po sobie śladu, a z czasem będziemy mogli spojrzeć wstecz z dumą i wiarą w nas samych.

Biada temu, kto nie podjął ryzyka. Co prawda nie zazna nigdy smaku rozczarowań i utraconych złudzeń, nie będzie cierpiał jak ci, którzy pragną spełnić swoje marzenia, ale kiedy spojrzy za siebie – bowiem zawsze dogania nas przeszłość – usłyszy głos własnego sumienia: „A co uczyniłeś z cudami, którymi Pan Bóg obsiał dni twoje? Co uczyniłeś z talentem, który powierzył ci Mistrz? Zakopałeś te dary głęboko w ziemi, gdyż bałeś się je utracić. I teraz została ci jedynie pewność, że zmarnowałeś własne życie".

Biada temu, kto usłyszy te słowa. Bo uwierzył w cuda, dopiero gdy magiczne chwile życia odeszły na zawsze.

Kiedy skończył mówić, otoczył go wianuszek słuchaczy. Stałam z boku pełna niepokoju, jakie wrażenie wywrę na nim po tylu latach. Czułam się jak małe dziecko – nieufna, zazdrosna o jego nowych przyjaciół i zła, bo poświęcał im więcej uwagi niż mnie.

W końcu podszedł do mnie i zarumienił się. Nie był to już ten sam mężczyzna, który jeszcze przed chwilą perorował z taką powagą. Z wolna zamieniał się w chłopca, który niegdyś chował się ze mną w pustelni świętego Saturnina i całymi godzinami opowiadał o swoich marzeniach, by przemierzyć świat dookoła – a w tym samym czasie nasi rodzice wzywali policję, sądząc, że potopiliśmy się w rzece.

– Witaj, Pilar – powiedział.

Pocałowałam go nieśmiało w policzek. Mogłam mu powiedzieć kilka miłych słów. Mogłam poskarżyć się, że byłam znużona, czekając tyle czasu w tłumie. Mogłam przypomnieć jakąś zabawną anegdotę z naszego dzieciństwa. Mogłam powiedzieć, że jestem z niego dumna, widząc, jak podziwiają go inni. Mogłam wyjaśnić, że śpieszę się na ostatni autobus do Saragossy.

Mogłam. Nigdy nie zdołamy zrozumieć sensu tego słowa, gdyż w każdej chwili naszego życia istnieją sytuacje, które mogły się wydarzyć, ale z jakichś powodów się nie wydarzyły. Istnieją magiczne chwile, które choć mijają nie zauważone, to jednak niewidzialna Ręka Opatrzności zmienia bezpowrotnie nasz los.

I to właśnie stało się teraz. Zamiast tego wszystkiego, co mogłam zrobić, wypowiedziałam zdanie, które parę tygodni później przywiodło mnie na brzeg tej rzeki i sprawiło, że dziś piszę te słowa.

– Możemy napić się kawy? – spytałam wtedy.

A on odwrócił głowę w moją stronę i przyjął propozycję, którą zesłał mu los.

– Muszę koniecznie z tobą porozmawiać. Jutro mam kolejny wykład w Bilbao. Wynająłem nawet samochód.

– Właściwie powinnam wrócić do Saragossy – odrzekłam, nie zdając sobie sprawy, że zatrzaskiwałam za sobą ostatnie drzwi umożliwiające ucieczkę.

Ale w ułamku sekundy – może dlatego, że poczułam się znowu dzieckiem, a może dlatego, że to nie my piszemy najlepsze scenariusze naszego życia – powiedziałam:

– Za parę dni nadchodzi święto Matki Boskiej Niepokalanego Poczęcia. Mogę ci więc towarzyszyć do Bilbao i stamtąd wrócić do domu.

Korciło mnie, żeby zapytać o „seminarzystę".

– Mam wrażenie, iż chciałabyś o coś jeszcze mnie zapytać – powiedział, jakby czytał w moich myślach.

– Tak – odrzekłam niepewnie, jednak w ostatniej chwili brakło mi śmiałości. – Przed wykładem pewna kobieta powiedziała, że oddajesz jej to, co kiedyś do niej należało.

– Ach, to nic ważnego.

– Ale dla mnie to jest ważne. Nic nie wiem o twoim życiu i dziwi mnie, że tak wielu ludzi tu przyszło.

Uśmiechnął się i odwrócił w stronę swoich słuchaczy.

– Chwileczkę – chwyciłam go za ramię. – Nie odpowiedziałeś na moje pytanie.

– To dla ciebie nic ciekawego, Pilar.

– Nie szkodzi. Chciałabym jednak wiedzieć.

Wziął głęboki oddech i poprowadził mnie w drugi koniec sali.

– Wszystkie trzy wielkie religie monoteistyczne tego świata – judaizm, katolicyzm i islam – są męskie. Mężczyźni są w nich kapłanami, oni także trzymają pieczę nad dogmatami wiary i ustanawiają prawa.

– A więc co tamta kobieta miała na myśli?

Zawahał się przez chwilę, ale w końcu odrzekł.

– Tylko to, że mam nieco inny pogląd na te sprawy. Wierzę w kobiece oblicze Boga.

Odetchnęłam z ulgą, moja rozmówczyni musiała się mylić. Nie mógł być seminarzystą, ponieważ seminarzyści nie mogą mieć odmiennych poglądów.

– Znakomicie to wyjaśniłeś – dodałam uspokojona.

Dziewczyna, która mrugnęła do mnie porozumiewawczo na sali, czekała nie opodal drzwi wejściowych.

– Sądzę, że należymy do tej samej tradycji – powiedziała na mój widok. – Mam na imię Brida.

– Nie wiem, o czym mówisz – odrzekłam nieco zaskoczona.

– Jasne, że wiesz – zaśmiała się.

Wzięła mnie pod rękę i pociągnęła za sobą tak szybko, że nie było już czasu na dalsze wyjaśnienia. Wieczór był chłodny i właściwie nie wiedziałam, co mam ze sobą począć do następnego dnia.

– Dokąd idziemy? – zapytałam.

– Do pomnika Bogini – odrzekła nieco tajemniczo.

– Szukam taniego hoteliku na noc.

– Nie bój się, coś później znajdziemy.

Wolałam wprawdzie usiąść w jakieś kawiarni, porozmawiać trochę i dowiedzieć się o nim jak najwięcej, ale nie chciałam wdawać się z nią w niepotrzebne dyskusje. Pozwoliłam jednak, by poprowadziła mnie aleją Kastylijską, gdyż przyjemnie było przypomnieć sobie Madryt po latach.

Dość nieoczekiwanie zatrzymała się pośrodku alei i wskazała na niebo.

– Spójrz – wykrzyknęła.

Księżyc w pełni prześwitywał pomiędzy konarami bezlistnych drzew.

– Jest piękny – przyznałam.

Lecz ona już nie słuchała. Rozkrzyżowała szeroko ramiona, odwróciła dłonie do nieba i stała nieruchomo, kontemplując księżyc.

„W co ja się wpakowałam? – mówiłam sobie w duchu. – Przyjechałam na odczyt, a znalazłam się w alei Kastylijskiej w towarzystwie tej obłąkanej kobiety. Na dodatek jutro wyjeżdżam z nim do Bilbao".

– Zwierciadło Bogini Ziemi! – wyszeptała z zamkniętymi oczami dziewczyna. – Wskaż nam naszą moc i spraw, aby mężczyźni nas rozumieli. Ty, który w niebiosach rodzisz się, świecisz, umierasz i zmartwychwstajesz, to ty objawiłeś nam cykl nasienia i owocu.

Wyciągnęła ramiona ku niebu i przez dłuższy czas stała nieruchomo. Mijający nas przechodnie patrzyli spod oka i śmiali się ukradkiem, ale ona nie zwracała na to najmniejszej uwagi. Za to ja, stojąc u jej boku, umierałam ze wstydu.

– Musiałam to uczynić, aby Bogini wzięła nas pod swoje opiekuńcze skrzydła – rzekła, kiedy złożyła już hołd księżycowi.

– Przepraszam, o czym ty właściwie mówisz?

– O tym samym, co twój przyjaciel, tyle że

w prawdziwych słowach.

Poczułam żal do siebie, że nie słuchałam uważniej wykładu, bo tak naprawdę nie miałam bladego pojęcia, o czym on mówił.

– My dobrze znamy kobiece oblicze Boga – powiedziała dziewczyna, kiedy ruszyłyśmy dalej. – My, kobiety, rozumiemy i kochamy Wielką Matkę. Za naszą wiedzę zapłaciłyśmy prześladowaniami i płonącymi stosami, jednak udało nam się przetrwać i dotrzeć do jej tajemnic.

Stosy. Czarownice. Spojrzałam baczniej na tę dziewczynę. Była ładna, miała długie, rude włosy sięgające do pasa.

– Kiedy mężczyźni wyruszali na polowanie, my pozostawałyśmy w jaskiniach, w brzuchu Matki, opiekując się dziećmi. Tam właśnie Wielka Matka nauczyła nas żyć. Mężczyzna żył w ciągłym ruchu, a my, pozostając niezmiennie w łonie Matki, spostrzegłyśmy, że z nasion wyrastają rośliny – i podzieliłyśmy się naszym odkryciem z mężczyznami. Upiekłyśmy pierwszy chleb, aby ich nakarmić. Ulepiłyśmy pierwszy dzban, aby mogli ugasić pragnienie. I pojęłyśmy cykl tworzenia, gdyż nasze ciało powielało rytm faz księżyca.

Nagle zatrzymała się.

– Oto Ona.

Spojrzałam. W centralnym punkcie placu, rojącym się od samochodów, tryskała fontanna, a pośrodku stał posąg kobiety w rydwanie zaprzęgniętym w lwy.

– To plac Cybeli – powiedziałam, chcąc pochwalić się, że znam Madryt. Dziesiątki razy widziałam tę rzeźbę na kartach pocztowych. Lecz dziewczyna wcale mnie nie słuchała. Stała na środku ulicy, próbując przedrzeć się przez potok samochodów.

– Pójdźmy tam! – krzyczała, wymachując ramionami.

Postanowiłam ją dogonić tylko po to, aby podała mi nazwę jakiegoś hotelu. Całe to szaleństwo zaczynało mnie nużyć i chciałam już być sama.

Do fontanny dotarłyśmy niemal równocześnie – ja z mocno bijącym sercem, ona z promiennym uśmiechem na ustach.

– Woda! – krzyknęła. – To właśnie woda jest jej ucieleśnieniem.

– Podaj mi, proszę, nazwę jakiegoś taniego hoteliku.

W tej samej chwili Brida zanurzyła obie dłonie w fontannie.

– Zrób to samo – powiedziała zachęcająco. – Dotknij tafli wody.

– Ani mi się śni. Ale nie przeszkadzaj sobie. Ja idę na poszukiwanie noclegu.

– Proszę, zaczekaj jeszcze chwilę.

Wyjęła z torebki mały flet i zaczęła grać. Muzyka płynąca z instrumentu zdawała się mieć wręcz hipnotyczne działanie. Hałas ulicy stawał się coraz bardziej daleki, a moje serce nagle się uspokoiło. Usiadłam na brzegu fontanny i oglądając na niebie księżyc w pełni, wsłuchiwałam się w dźwięki fletu i szmer wody. Coś mi mówiło – choć dokładnie tego nie rozumiałam – że tu właśnie znajdowała się cząstka mej kobiecej natury.

Nie wiem, jak długo grała, ale kiedy skończyła, odwróciła się w stronę fontanny.

– Cybela jest jednym z wcieleń Wielkiej Matki – rzekła dziewczyna. – To ona sprawuje pieczę nad

plonami, ochrania miasta i przywraca kobiecie rolę kapłanki.

– Kim ty właściwie jesteś? – zapytałam. – I dlaczego tak ci zależało na mojej obecności?

Spojrzała mi w oczy i rzekła:

– Jestem tym, kim sądzisz, że jestem. Wyznaję
kult Ziemi.

– Ale czego chcesz ode mnie? – nalegałam.

– Potrafię czytać z twoich oczu. Potrafię czytać
w twoim sercu. Zakochasz się i będziesz cierpieć.

– Ja?

– Dobrze wiesz, o czym mówię. Widziałam,
w jaki sposób patrzył na ciebie. On cię kocha.

Miałam coraz głębsze przeświadczenie, że ta
kobieta jest szalona.

– I właśnie dlatego poprosiłam, żebyś poszła ze
mną – ciągnęła dalej. – To ważna osoba. I ma prawo mówić te wszystkie bzdury, bo wierzy w Wielką Matkę. Nie pozwól, aby zabłądził. Pomóż mu.

– Nie wiesz nawet, co mówisz. Zagubiłaś się już
w swych urojeniach – rzuciłam, przedzierając się
ponownie przez strumień samochodów.

I przyrzekłam sobie wymazać z pamięci słowa,
które wyszły z jej ust.

niedziela
5 grudnia 1993

Zatrzymaliśmy się na kawę w przydrożnym barze.

– Życie nauczyło cię wielu rzeczy – powiedziałam, próbując nawiązać jakoś rozmowę.

– Nauczyło mnie, że możemy się uczyć nieustannie. Nauczyło mnie także, że zawsze można coś zmienić – odrzekł. – Nawet jeśli wydaje się to niemożliwe.

Wyraźnie unikał rozmowy. Podczas dwóch godzin jazdy aż do tamtego baru na skraju drogi prawie nie zamieniliśmy ani słowa.

Na początku próbowałam przywołać wspólne wspomnienia z dzieciństwa, ale on wykazywał jedynie uprzejme zainteresowanie. Tak naprawdę wcale mnie nie słuchał i wciąż zadawał te same pytania.

Coś było nie tak. Być może i czas, i odległość odsunęły go na zawsze od mojego świata. „Mówi o magicznych chwilach – myślałam w duchu – lecz jest mu wszystko jedno, jak potoczyły się losy Carmen, Santiago czy Marii". Żył już w innym świecie, a Soria stała się jedynie odległym obrazem zatrzymanym w czasie. Przyjaciele z dzieciństwa zastygli w dzieciństwie, a znajomi starcy nigdy nie umarli, tak jak dwadzieścia parę lat temu.

Zaczynałam żałować, że przystałam na tę podróż. A kiedy w barze po raz kolejny zmienił temat, postanowiłam już więcej nie nalegać.

Pozostałe dwie godziny drogi do Bilbao były prawdziwą męką. On prowadził samochód, a ja spoglądałam bezmyślnie przez okno. I żadne z nas nie próbowało nawet zatuszować rosnącego skrępowania. W wynajętym samochodzie nie było radia, zatem jedynym rozwiązaniem było pokorne znoszenie tej okropnej ciszy.

– Zapytajmy, gdzie jest dworzec autobusowy – powiedziałam, gdy tylko zjechaliśmy z autostrady.
– Wiem, że istnieje stąd bezpośrednie połączenie z Saragossą.

Była to pora sjesty i ulice były niemal wyludnione. Minęliśmy jakiegoś mężczyznę, potem spacerującą parę, on jednak nie zatrzymał się, by spytać o drogę.

– Wiesz, gdzie to jest? – zagadnęłam po chwili.

– Ale co?

Zupełnie nie zwracał uwagi na to, co mówiłam.

Nagle pojęłam, co było powodem naszego milczenia. Bo o czym właściwie można rozmawiać z kobietą, która nigdy nie zapuściła się w daleki świat? Jaki jest sens przebywania z kimś, kto czuje lęk przed nieznanym, kto przedkłada stabilną pracę oraz tradycyjne małżeństwo ponad wszystko? A ja – nieszczęsna – wciąż opowiadałam mu o tych samych znajomych z dzieciństwa, o zakurzonych wspomnieniach z nic nie znaczącej mieściny, i jedynie o tym mogłam mówić.

– Możesz mnie tu zostawić – rzekłam, gdy dojechaliśmy do miejsca przypominającego centrum miasta. Starałam się zachowywać naturalność, lecz tak naprawdę czułam się głupio, infantylnie i byłam znużona.

Nie zatrzymał samochodu.

– Muszę złapać autobus do Saragossy – nalegałam.

– Posłuchaj, jestem tu po raz pierwszy. Nie wiem, gdzie się znajduje mój hotel. Nie wiem, gdzie odbędzie się wykład. Nie wiem także, gdzie jest dworzec autobusowy.

– Nie bój się, jakoś sobie sama poradzę.

Zwolnił nieco, ale nie zatrzymał się.

– Chciałbym... – próbował coś powiedzieć.

Już po raz drugi nie kończył zdania. Wyobrażałam sobie, co mógł mi powiedzieć: podziękować za towarzyszenie mu w podróży, przesłać pozdrowienia dla przyjaciół i w delikatny sposób zakończyć tę przeciągającą się farsę.

– Zależy mi bardzo, abyś dziś wieczorem poszła ze mną na wykład – rzekł wreszcie.

Byłam zdumiona. Może starał się po prostu zatrzeć wrażenie ciężkiej atmosfery, panującej podczas podróży?

– Chciałbym bardzo, abyś tam poszła ze mną – powtórzył.

Byłam może zwykłą dziewczyną z prowincji, która nie ma nic ciekawego do powiedzenia, nie posiada także owego blasku i elegancji kobiety z miasta. Jednak życie w małym prowincjonalnym miasteczku, choć nie daje kobiecie obycia i poloru

– uczy, jak słuchać głosu serca i posługiwać się intuicją.

A teraz ku mojemu zaskoczeniu intuicja podpowiadała mi, iż słowa mojego przyjaciela są szczere.

Odetchnęłam z ulgą. Oczywiście, nie miałam najmniejszej ochoty iść na jakiś wykład, ale przynajmniej wyglądało na to, że odzyskiwałam przyjaciela, który znowu zapraszał mnie do wspólnych przygód, znowu chciał dzielić ze mną i troski, i radości.

– Dziękuję za zaproszenie – odpowiedziałam. – Ale nie mam pieniędzy na hotel. Poza tym muszę wrócić na uczelnię.

– Ja mam trochę pieniędzy. Możemy przecież poprosić o pokój z dwoma łóżkami.

Zauważyłam, że pomimo panującego chłodu zaczął się pocić. A serce wysyłało mi sygnały ostrzegawcze, których nie potrafiłam odczytać. W moich myślach zapanował zupełny chaos, który wypłoszył niedawne uczucie radości.

Niespodziewanie zatrzymał samochód i spojrzał mi w oczy.

Nikt nie potrafi kłamać, nikt nie potrafi niczego ukryć, jeśli patrzy komuś prosto w oczy. A każda kobieta posiadająca choć odrobinę wrażliwości potrafi czytać z oczu zakochanego mężczyzny. Nawet jeśli przejawy tej miłości bywają czasem absurdalne.

Natychmiast wróciły do mnie słowa rudowłosej dziewczyny wypowiedziane przy fontannie.

I choć mogło się to wydawać nieprawdopodobne, była to prawda.

Nigdy w życiu nie przyszłoby mi do głowy, że po tylu latach pamięć o nas w nim przetrwała. Byliśmy dziećmi, dorastaliśmy razem i odkrywaliśmy świat, trzymając się za ręce. Kochałam go – o ile dziecko potrafi pojąć, czym jest miłość. Ale zdarzyło się to dawno temu, jakby w innym życiu, i należało do epoki, kiedy niewinność otwiera serce na to, co w życiu najlepsze.

Dziś staliśmy się dorośli i odpowiedzialni, a dziecinne sprawy pozostały tylko dziecinnymi sprawami.

I znowu spojrzałam mu prosto w oczy. Nie mogłam, a może nie chciałam uwierzyć w to, co się teraz działo.

– Przede mną jeszcze tylko jeden wykład, a potem będzie 8 grudnia i święto Niepokalanego Poczęcia. Chciałbym zabrać cię w góry – ciągnął dalej. – Muszę ci koniecznie coś pokazać.

Ten błyskotliwy mężczyzna, który jeszcze niedawno opowiadał o magicznych chwilach w życiu, stał teraz przede mną i zachowywał się jak sztubak. Działał zbyt pośpiesznie i nieporadnie, brakowało mu pewności siebie, a jego propozycje były aż nadto niejasne. Przykro było na niego patrzeć.

Wysiadłam z samochodu i oparłam się o maskę. Patrzyłam beznamiętnie na opustoszałą ulicę. Zapaliłam papierosa i starałam się o niczym nie myśleć. Mogłam grać, udawać, że nic nie rozumiem. Mogłam także spróbować przekonać samą siebie, że była to tylko i wyłącznie propozycja przyjaciela w imię dawnej przyjaźni. Bardzo możliwe, że podróżował już zbyt długo i po prostu zaczęło mu się plątać w głowie. A może to ja przesadzałam?

Wyskoczył z samochodu i stanął obok mnie.

– Pragnę, abyś była ze mną na dzisiejszym wykładzie – poprosił raz jeszcze. – Ale jeśli odmówisz, zrozumiem to.

Wspaniale. Świat obrócił się wokół własnej osi i wrócił do punktu wyjścia. Wcale nie było tak, jak sądziłam jeszcze przed chwilą – teraz już nie nalegał, już był skłonny pozwolić mi odjechać. Zakochany mężczyzna nie postępuje w ten sposób.

Poczułam się głupio, a jednocześnie odetchnęłam z ulgą. Tak. Mogłam przecież poświęcić mu jeden dzień. Wspólnie zjemy kolację, napijemy się wina – tego nie próbowaliśmy, będąc dziećmi. Byłaby to wymarzona okazja, żeby zapomnieć o bzdurach, które przyćmiły mi umysł parę minut temu, by przełamać lody, jakie dzieliły nas od chwili wyjazdu z Madrytu.

Ostatecznie jeden dzień nie stanowił dla mnie większej różnicy. Przynajmniej będę miała co opowiadać przyjaciółkom.

– Tylko pamiętaj. Dwa oddzielne łóżka – powiedziałam nieco żartobliwym tonem. – Płacisz także za kolację, bo ja ciągle jestem studentką, więc nie mam grosza przy duszy.

Zanieśliśmy do hotelu nasze bagaże i udaliśmy się piechotą do miejsca, w którym miał się odbyć wykład. Przyszliśmy trochę za wcześnie, więc postanowiliśmy usiąść w pobliskiej kawiarni.

– Pragnę ci coś podarować – powiedział, wręczając mi mały czerwony woreczek.

Otworzyłam go natychmiast. W środku zobaczyłam stary i nieco już zżarty rdzą medalik z wizerunkiem Matki Boskiej z jednej strony i Najświętszym Sercem Jezusa z drugiej.

– To kiedyś należało do ciebie – dodał, widząc zdziwienie na mojej twarzy.

Moje serce znowu zaczęło bić na alarm.

– Pewnego dnia – jeśli dobrze pamiętam była to jesień, taka jak dziś, a my mieliśmy może po dziesięć lat – siedzieliśmy razem na tym placu, na którym rósł wielki dąb. Właśnie miałem ci coś powiedzieć. Coś, do czego przygotowywałem się już od tygodni. Ale kiedy tylko zacząłem mówić, niespodziewanie powiedziałaś, że zgubiłaś swój medalik w pustelni świętego Saturnina i poprosiłaś, abym go odszukał.

Pamiętałam. Jakże mogłabym nie pamiętać!

– Udało mi się odnaleźć zgubę, ale kiedy powróciłem na plac, nie miałem już odwagi, aby wypowiedzieć te słowa, które tyle razy powtarzałem sobie w duchu. I obiecałem sobie wtedy solennie, że oddam ci ten medalik tylko wtedy, kiedy będę mógł dokończyć zdanie, które nieopatrznie przerwałaś tamtego jesiennego dnia, przed dwudziestoma laty. Długo starałem się wymazać je z pamięci, ale to zdanie wciąż jest we mnie żywe. I nie mogę już dłużej z nim żyć.

Odstawił nie dopitą filiżankę mocnej kawy, zapalił papierosa i przez dłuższą chwilę wpatrywał się w jakiś niewidoczny punkt na suficie. W końcu spojrzał mi w oczy.

– Owo nie dokończone zdanie jest bardzo proste – rzekł. – Kocham cię.

Bywa czasem, że ogarnia nas bezgraniczne uczucie smutku, którego nie potrafimy opanować. Spostrzegamy, że magiczna chwila tego dnia dawno już minęła, a my jej wcale nie wykorzystaliśmy. A wtedy życie jakby ukrywa przed nami cały swój kunszt, cały urok.

Powinniśmy zawsze słuchać małego dziecka, którym niegdyś byliśmy – i które wciąż jeszcze w sobie nosimy. Ono dobrze wie, co to są magiczne chwile. I choć często udaje nam się zagłuszyć jego płacz, to jednak nigdy nie zdołamy stłumić jego głosu.

To dziecko, którym byliśmy, ciągle jest w nas obecne. Szczęśliwe są te maleńkie istoty, bowiem do nich należy Królestwo Niebieskie.

Jeśli nie narodzimy się na nowo, jeśli nie uda nam się spojrzeć na nasze życie raz jeszcze, z dziecinną prostotą i entuzjazmem – to gubimy sens życia.

Ludzkość wymyśliła wiele sposobów samobójstwa. Ci, którzy próbują uśmiercić swoje ciało, znieważają Boskie przykazania na równi z tymi, którzy próbują uśmiercić swoją duszę, choć zbrodnia tych ostatnich jest mniej widoczna dla ludzkich oczu.

Wysłuchajmy tego, co mówi nam dziecko ukryte w naszej duszy. Nie wstydźmy się go. Nie pozwólmy, aby się lękało, że jest samotne, bo nie dociera do nas jego głos.

Bodaj raz dajmy mu szansę, aby pokierowało naszym losem. To dziecko wie dobrze, jak każdy dzień może się różnić od drugiego.

Sprawmy, aby poczuło się znowu kochane. Sprawmy mu przyjemność, nawet jeśli wymagałoby to od nas postępowania, od którego odwykliśmy, które może uchodzić za śmieszne w oczach innych ludzi.

Pamiętajcie, że mądrość ludzi jest szaleństwem w oczach Boga. Jeśli posłuchamy głosu dziecka, które mieszka w naszej duszy, oczy nasze znowu nabiorą blasku. A jeśli nie utracimy więzi z tym dzieckiem, to nigdy już nie utracimy więzi z życiem.

Świat wokół mnie nabrał jaskrawych barw. Poczułam, że głośniej mówię i zdałam sobie sprawę, że z hukiem odstawiam na stół filiżankę.

Cała grupa, może dziesięcioosobowa, przyszła tutaj na kolację zaraz po wykładzie. Wszyscy mówili niemal jednocześnie, przekrzykiwali nawzajem, a ja uśmiechałam się tylko – uśmiechałam się, bo był to naprawdę całkiem odmienny wieczór. Pierwszy od wielu lat, którego z góry nie zaplanowałam.

Jakie to szczęście!

Kiedy parę dni temu wyruszałam do Madrytu, byłam zupełnie innym człowiekiem. Z łatwością potrafiłam panować nad moimi uczuciami i zachowaniem. I nagle wszystko się zmieniło. Byłam tutaj, w mieście, w którym nigdy wcześniej nie postała moja stopa, choć znajdowało się zaledwie o trzy godziny drogi od mojego rodzinnego miasta. Przy tym stole znałam zaledwie jedną osobę, ale wszyscy traktowali mnie jak starą znajomą. Byłam zaskoczona sama sobą, gdyż okazało się, że mogłam normalnie rozmawiać, popijać wino i świetnie się bawić.

A znalazłam się tu, bo całkiem nieoczekiwanie życie przywróciło mnie Życiu. Poczucie winy, lęk i wstyd odeszły w kąt. Im dłużej przebywałam w obecności mojego przyjaciela, im uważniej słuchałam jego słów – tym mocniej przekonywałam się, jak bardzo miał rację, mówiąc, że są w życiu chwile, w których trzeba podjąć ryzyko i dać się ponieść szaleństwu.

„Siedzę całymi dniami nad książkami i zeszytami, by nadludzkim wysiłkiem zakuć się własnoręcznie w kajdany – myślałam w duchu. – W końcu do czego jest mi potrzebna posada w urzędzie? Co mi ona da więcej jako człowiekowi, jako kobiecie?

Nic. Przecież nie po to przyszłam na świat, by tkwić za biurkiem, pomagając jakimś sędziom w prowadzeniu procedur sądowych!

Ale nie. Nie powinnam myśleć o moim życiu w ten sposób. Przecież już wkrótce będę musiała do niego powrócić, jeszcze przed niedzielą".

Powoli chyba wino dawało znać o sobie. W końcu kto nie pracuje, ten nie je.

„Przecież to tylko sen, który zaraz pryśnie" – pocieszałam się.

Ale jak długo jeszcze mogę go przeciągać? Po raz pierwszy przebiegła mi przez głowę myśl, aby towarzyszyć mu w tej wyprawie w góry. Przed nami był przecież długi świąteczny weekend.

– Kim ty jesteś? – zagadnęła mnie piękna kobieta siedząca z nami przy stole.

– Jego przyjaciółką z dzieciństwa – odpowiedziałam.

– A czy on dokonywał już tych wszystkich nie-
prawdopodobnych czynów, będąc dzieckiem? – pytała dalej.

– Jakich czynów?

Głośne rozmowy przy stole stawały się mniej
donośne.

– No chyba wiesz? – naciskała. – Mam na myśli cuda.

– On zawsze był dobrym mówcą – odpowiedziałam pośpiesznie, nie wiedząc tak naprawdę, co
miała na myśli.

Wszyscy wraz z nim wybuchnęli śmiechem –
a ja nie miałam pojęcia, co ich tak rozbawiło. Jednak wyborne wino dawało mi dużo swobody
i zwalniało z konieczności panowania nad sytu-
acją.

Zamilkłam, rozejrzałam się dookoła, wtrąciłam
coś od rzeczy, co natychmiast wyleciało mi z głowy. I znowu zaczęłam rozważać propozycję wspólnego spędzenia świątecznych dni.

Dobrze mi tu było, dobrze było poznawać nowych, interesujących ludzi, którzy potrafili z poczuciem humoru rozprawiać o poważnych sprawach. To cudownie działało na moją wyobraźnię,
gdyż miałam wrażenie, że uczestniczę w świato-
wym życiu. Przynajmniej tej nocy nie musiałam
już być kobietą, która ogląda świat przez pryzmat
telewizji i gazet.

Będę miała co opowiadać, gdy wrócę do Saragossy. Ale gdybym przyjęła zaproszenie i wyjecha-
ła z nim w góry, wtedy przez calutki rok żyłabym
nowymi wspomnieniami.

Dochodziłam do wniosku, że miał rację, nie zważając na moje nudne opowieści o Sorii. I poczułam ogromną litość nad sobą, gdyż uświadomiłam sobie, że od lat szufladki mojej pamięci przechowują dokładnie te same historie.

– Może jeszcze odrobinę wina? – zapytał mnie nieznajomy, nieco szpakowaty mężczyzna, dolewając mi szkarłatnego trunku do kieliszka.

Z przyjemnością wypiłam kolejną lampkę wina i pomyślałam z żalem o tym, jak niewiele będę mogła w przyszłości opowiadać moim dzieciom i wnukom.

– Liczę na ciebie – szepnął tak cicho, abym tylko ja mogła go usłyszeć. – Pojedziemy razem aż do Francji?

Kolejne kieliszki wina sprawiły, że miałam odwagę mówić to, co leżało mi na sercu.

– Tak, pod warunkiem, że mi wyjaśnisz do końca jedną rzecz – odparłam.

– Nie wiem, co masz na myśli.

– To, co powiedziałeś mi w kawiarni przed odczytem.

– Mówisz o medaliku?

– Nie – odrzekłam, patrząc mu w oczy i starając się za wszelką cenę zachować pozory osoby trzeźwej. – To, co powiedziałeś mi wtedy.

– Porozmawiamy o tym później.

Tamto wyznanie miłości. Nie znaleźliśmy dotąd czasu, aby o tym spokojnie porozmawiać.

– Jeśli chcesz, żebym pojechała z tobą, musisz mnie wreszcie wysłuchać – rzekłam.

– Nie chcę tu o tym rozmawiać – uciął krótko. – Teraz jest pora zabawy.

– Wyjechałeś z Sorii będąc jeszcze młodym

chłopcem – obstawałam uparcie przy swoim. – Jestem jedynie pomostem łączącym cię z rodzinną ziemią. Dzięki mnie żyłeś zawsze blisko swoich korzeni, a to dodawało ci sił do dalszej drogi. I to wszystko. Tu nie może być mowy o miłości. Żadną miarą.

Słuchał mnie bez słowa. Aż w końcu ktoś go zawołał, prosząc o radę, i nie udało nam się dokończyć zaczętej rozmowy.

„Przynajmniej postawiłam sprawy jasno – powiedziałam sama do siebie. – Taka miłość jak ta nie może istnieć, chyba że w bajkach dla dzieci. Bo w prawdziwym życiu miłość musi być możliwa. Nawet jeśli nie jest od razu wzajemna, miłość zdoła przetrwać jedynie wtedy, jeśli istnieje iskierka nadziei – bodaj najmniejsza – że zdobędziemy z czasem ukochaną osobę. A reszta jest czystą fantazją".

Jakby czytał w moich myślach, wzniósł toast w moim kierunku z drugiego krańca stołu:

– Za miłość! – zawołał.

On także wydawał się być na lekkim rauszu, dlatego postanowiłam czym prędzej skorzystać ze sposobności.

– Za mędrców, którzy zdolni są pojąć, że czasem miłość bywa dziecinadą – powiedziałam.

– Mędrzec jest mędrcem tylko dlatego, że kocha. Zaś głupiec jest głupcem, bo wydaje mu się, że miłość zrozumiał – odrzekł.

Wszyscy pojęli w lot jego aluzję i natychmiast rozgorzała przy stole żywiołowa dyskusja o miłości. Każdy miał na ten temat wyrobione zdanie i każdy zażarcie go bronił. Popłynęło wiele butelek wina, nim nastał spokój. W końcu ktoś zauważył, że jest już bardzo późno, a właściciel pragnie zamknąć lokal.

– Mamy przed sobą pięć dni świąt – krzyknął ktoś przy sąsiednim stole. – I jeśli właściciel chce wcześniej zamknąć, to tylko dlatego, że rozmawiacie na zbyt poważne tematy!

Wszyscy wybuchnęli gromkim śmiechem – wszyscy oprócz niego.

– A w jakim miejscu można dyskutować wyłącznie na poważne tematy? – zapytał mój przyjaciel.

– W kościele! – odparł ten sam, mocno już podpity gość. Tym razem cała sala pokładała się ze śmiechu.

Mój towarzysz wstał. Pomyślałam, że go pobije. Wszyscy bowiem powróciliśmy duchem do naszych młodzieńczych lat, gdy bójki, prowokacyjne pocałunki i pieszczoty na oczach wszystkich, zbyt hałaśliwa muzyka i szybkie samochody stanowiły nieodłączną część dobrze spędzonego wieczoru.

Tymczasem uczynił coś zupełnie nieoczekiwanego: wziął mnie za rękę i pociągnął do drzwi wyjściowych.

– Lepiej będzie, jak sobie już pójdziemy – powiedział. – Robi się późno.

Deszcz pada na Bilbao i deszcz pada na całą ziemię. Kto kocha, musi umieć zgubić się i odnaleźć.
On akurat potrafił dobrze równoważyć obie te
umiejętności, i podczas drogi powrotnej do hotelu
był pełen radości, nucił nawet pod nosem jakąś
piosenkę.

Son los locos que inventaron el amor
[To szaleńcy wymyślili miłość]

Wino szumiało mi jeszcze w głowie, jednak powoli wracała świadomość. Muszę panować nad sobą, abym jutro była w stanie ruszyć z nim w drogę.
Nie będzie to wcale trudne, gdyż nie jestem już
zakochana. Ten, kto potrafi poskromić swoje serce, potrafi podbić cały świat.

Con un poema y un trombón
a desvelarte el corazón...

[Wierszem i puzonem,
ożywią twoje serce]

„Wolałabym nie poskramiać serca – myślałam
w duchu. – Gdybym dała mu się ponieść bodaj
przez parę dni, to krople spływającego po mojej
twarzy deszczu miałyby inny smak. Gdyby miłość
była prostą sprawą, moglibyśmy iść teraz przytule-
ni do siebie, a słowa piosenki opowiadałyby historię naszej miłości. Gdybym nie musiała wracać do
Saragossy, pragnęłabym, aby ten błogi stan odu-
rzenia winem nigdy nie minął. Bez obaw mogłabym się do niego przytulić, pocałować, mówić
i słuchać tych słów, które zazwyczaj szepczą sobie
zakochani".

Ale nie. Nie mogłam.

Nie chciałam.

Salgamos a volar, quierida mía – mówi piosenka. Niech zatem tak się stanie. Wyjedziemy i ode-
rwiemy się od ziemi, ale na moich warunkach.

Jeszcze nie wiedział, że przyjmuję jego zaproszenie. Dlaczego podjęłam to ryzyko? Ponieważ
w tej chwili byłam pijana i znużona dniami podob-
nymi do siebie.

Jednak to znużenie na pewno minie. I zapragnę
wrócić do Saragossy – miasta, które wybrałam, by
w nim żyć. Czekały tam na mnie studia, czekał egzamin konkursowy. Czekał i przyszły mąż, którego
muszę spotkać, ale przecież nie będzie to trudne.

Przede mną spokojne życie z dziećmi i wnuka-
mi, stały dochód i urlop raz do roku. Nie znałam
jego koszmarów, ale znałam swoje. Nie potrzebowałam nowych. Te, które już miałam, w zupełno-
ści mi wystarczają.

Nigdy nie mogłabym zakochać się w kimś takim jak on. Znałam go zbyt dobrze, żyliśmy za długo obok siebie, nie były mi obce ani jego słabości, ani obawy. I nie potrafiłam podziwiać go bezgranicznie, jak inni.

Wiedziałam, że miłość jest jak tama. Jeśli pozwolisz, aby przez szczelinę sączyła się strużka wody, to w końcu rozsadza ona mury i nadchodzi taka chwila, w której nie zdołasz opanować żywiołu. A kiedy mury runą, miłość zawładnie wszystkim. I nie ma wtedy sensu zastanawiać się, co jest możliwe, a co nie, i czy zdołamy zatrzymać przy sobie ukochaną osobę. Kochać – to utracić panowanie nad sobą.

Nie. Nie mogłam dopuścić do pęknięcia muru. Nawet najmniejszego.

– Chwileczkę!

Mój przyjaciel natychmiast przestał śpiewać. Gdzieś w oddali mokry trotuar odbijał echo szybkich kroków.

– Chodźmy! – powiedział, pociągając mnie za sobą.

– Proszę poczekać! – zawołał za nami jakiś człowiek – Muszę z panem pomówić.

– To nie do nas – stwierdził. – Chodźmy do hotelu.

Jednak chodziło o nas: wokół nie było żywego ducha. Moje serce zaczęło łomotać jak oszalałe. Alkohol wyparował ze mnie niczym kamfora. Przypomniałam sobie, że Bilbao leży w Kraju Basków i że zamachy terrorystyczne są tu na porządku dziennym. Kroki zbliżały się coraz bardziej.

– Szybciej – ponaglił mnie i jeszcze przyśpieszył kroku.

Ale było już za późno. Postać człowieka przemokłego od stóp do głów wynurzyła się z ciemności.

– Na miłość Boską, zatrzymajcie się, proszę! – rzekł nieznajomy mężczyzna błagalnym głosem.

Byłam przerażona. Rozpaczliwie rozglądałam się za jakąś kryjówką albo policyjnym samochodem, który by cudem wyrósł spod ziemi. Instynktownie jeszcze mocniej uczepiłam się jego ręki – ale on ją delikatnie odsunął.

– Na Boga! – rzekł mężczyzna. – Dowiedziałem się, że przebywa pan w tym mieście. Potrzebuję pańskiej pomocy. Chodzi o mojego syna!

Nieznajomy rozpłakał się i uklęknął na ziemi.

– Bardzo proszę! Błagam!

Mężczyzna westchnął głęboko, spuścił nisko głowę i przymknął oczy. Przez dłuższą chwilę klęczał w milczeniu. Słychać było tylko szum deszczu pomieszanego z łkaniem nieznajomego.

– Idź do hotelu, Pilar, i połóż się spać. Wrócę dopiero nad ranem.

Poniedziałek
6 grudnia 1993

Miłość jest pełna pułapek. Kiedy chce dać znać o sobie – oślepia światłem i nie pozwala dojrzeć cieni, które to światło tworzy.

– Spójrz na ziemię wokół nas – rzekł mój przyjaciel. – Połóżmy się tutaj i poczujmy, jak bije serce naszej planety.

– Nie, nie chcę pobrudzić jedynego ubrania, jakie ze sobą zabrałam – odrzekłam.

Przechadzaliśmy się po wzgórzach porośniętych drzewami oliwkowymi. Po wczorajszym deszczu w Bilbao poranne słońce wydawało mi się nierzeczywistym snem. Nie miałam słonecznych okularów – zresztą niewiele wzięłam ze sobą, bo przecież planowałam wrócić do Saragossy jeszcze tego samego dnia. Spałam w koszuli, którą mi pożyczył, a w małym sklepiku obok hotelu kupiłam jakiś podkoszulek, aby móc przynajmniej uprać ten, który miałam na sobie.

– Już chyba opatrzyło ci się to samo ubranie,

które ciągle noszę – zażartowałam, by sprawdzić, czy jakiś banalny frazes zdoła przywołać mnie do rzeczywistości.

– Cieszę się, że jesteś tu ze mną.

Nie próbował już mówić o miłości, odkąd wręczył mi medalik, ale był w znakomitym nastroju i wydawało się, że znowu ma osiemnaście lat. Szedł obok, jak ja skąpany w jasności tego poranka.

– Po co właściwie chcesz tam jechać? – zapytałam, wskazując pasmo Pirenejów na horyzoncie.

– Bo za tymi górami leży Francja – odrzekł żartobliwie.

– Uczyłam się geografii. Pragnę jedynie wiedzieć, dlaczego tam jedziemy.

Przez chwilę nic nie mówił i nie przestawał się uśmiechać.

– Abyś mogła zobaczyć pewien dom. Kto wie, może ci się spodoba?

– Jeśli chcesz zabawić się w pośrednika nieruchomości, to daj sobie spokój! Nie mam pieniędzy.

Było mi wszystko jedno, czy dotrę do jakieś małej wioski w Nawarze, czy we Francji. Jedno było pewne – nie miałam najmniejszej ochoty spędzić świąt w Saragossie.

„Widzisz? – słuchałam, jak mój rozsądek przemawiał do serca. – Jednak jesteś zadowolona, że przyjęłaś zaproszenie. Zmieniłaś się i nawet tego nie zauważyłaś".

Ależ skąd, wcale się nie zmieniłam. Może tylko byłam trochę bardziej rozluźniona.

– Spójrz na kamienie, leżące na ziemi. Są okrągłe i gładkie. Wyglądają niczym nadmorskie kamyczki wygładzone wodą, choć morze nigdy nie dotarło do pól Nawarry. To stopy wieśniaków, stopy pielgrzymów, stopy poszukiwaczy przygód nadały kształt tym kamieniom – rzekł. – Zmieniły się i one, i wędrowcy.

– Czy wiedzę, którą posiadasz, zawdzięczasz podróżom?

– Nie. To zasługa misterium Objawienia.

Niewiele rozumiałam i nawet nie starałam się zgłębić sensu jego słów. Byłam całkowicie zauroczona słonecznym światłem, wiejskim krajobrazem i ośnieżonymi wierzchołkami gór w oddali.

– Dokąd teraz idziemy? – zapytałam.

– Donikąd. Po prostu napawamy się urokiem poranka, słońca i krajobrazu. Czeka nas długa podróż samochodem.

Przez chwilę jakby się wahał, w końcu jednak zadał mi pytanie:

– Czy zachowałaś medalik?

– Tak – ucięłam krótko i przyśpieszyłam kroku.
Nie chciałam, by dotykał tego tematu, bałam się, że stłumi radość i rozproszy beztroskę tych cudownych chwil.

Z oddali wyłoniło się małe miasteczko. Na sposób wielu średniowiecznych osad zawieszone było na szczycie zbocza, więc nawet z daleka mogliśmy dojrzeć iglicę kościoła i ruiny starego zamczyska.

– Chodźmy tam – poprosiłam.

Zawahał się, ale w końcu przystał na moją prośbę. Po drodze dostrzegłam małą kapliczkę i miałam ochotę do niej zajrzeć. Wprawdzie nie potrafiłam już się modlić, ale cisza panująca w kościołach zawsze działała na mnie kojąco.

„Nie czuj się winna – mówiłam sama do siebie.

– Ostatecznie, jeśli jest zakochany, to jego zmartwienie".

Zapytał o medalik. Wiedziałam, że miał cichą nadzieję, iż wrócę do naszej wczorajszej rozmowy. A jednocześnie bał się usłyszeć to, czego usłyszeć nie chciał – dlatego nie podjął już tematu.

Być może rzeczywiście mnie kochał. Ale na pewno uda nam się przemienić tę miłość w coś innego, coś o wiele głębszego.

„Jakaż jestem śmieszna – pomyślałam. – Przecież nie ma nic głębszego od miłości. W baśniach księżniczka całuje ropuchę, a ta zamienia się w pięknego księcia. Zaś w życiu księżniczka całuje księcia, a on przeistacza się w ropuchę".

Po niespełna półgodzinnym marszu dotarliśmy w końcu do kaplicy. Na jej schodach siedział jakiś staruszek.

Była to pierwsza osoba, którą napotkaliśmy od początku naszej wędrówki. Nastał już bowiem koniec jesieni i pola znowu oddano pieczy Pana, by użyźnił ziemię swym błogosławieństwem i pozwolił, żeby człowiek w pocie czoła zapewnił sobie byt.

– Dzień dobry – rzekł mój przyjaciel do starca.

– Dzień dobry.

– Jak się nazywa ta miejscowość?

– San Martin de Unx.

– Unx? – powtórzyłam nazwę z niedowierzaniem. – Ależ przypomina to imię skrzata!

Starzec nie zrozumiał żartu. Trochę zmieszana podeszłam do drzwi kaplicy.

– Nie może pani tam wejść – oznajmił starzec. – Kaplica jest zamykana w południe. Jeśli chce ją pani obejrzeć, proszę tu wrócić o czwartej.

Przez na wpół otwarte drzwi do kaplicy trudno mi było dojrzeć, co jest w środku, tym bardziej że panował tam półmrok.

– Proszę mnie wpuścić choć na małą chwilę. Pragnę się tylko pomodlić.

– Bardzo mi przykro, ale już jest zamknięte.

Przez cały czas przysłuchiwał się mojej rozmowie ze starcem, ale nie odezwał się ani słowem.

– No dobrze! W takim razie chodźmy stąd – powiedziałam. – Nie ma sensu dalej dyskutować.

Patrzył wciąż na mnie, ale jego wzrok był pusty i jakby odległy.

– Nie chcesz już zajrzeć do kaplicy?

Wiedziałam, że nie spodobała mu się moja reakcja. Zapewne uznał, że jestem słaba, tchórzliwa, niezdolna do walki o swoje racje. Na nic pocałunek – księżniczka i tak przemieniła się w ropuchę.

– Przypomnij sobie wczorajszy wieczór – powiedziałam. – Uciąłeś nagle naszą rozmowę w restauracji, gdyż nie miałeś ochoty na dyskusję. A teraz masz mi za złe, kiedy zachowuję się dokładnie tak samo.

Starzec przyglądał się nam beznamiętnie. Właściwie powinien być zadowolony, bo na jego oczach – w miejscu, gdzie wszystkie poranki, wszystkie popołudnia i wszystkie wieczory są takie same – coś się w końcu działo.

– Drzwi do kaplicy są otwarte – zwrócił się do starca mój przyjaciel. – Jeśli chcesz pieniędzy, możemy dać ci parę groszy. Ale w zamian ona chce obejrzeć kościół.

– Czas zwiedzania już minął.

– W porządku. W takim razie poradzimy sobie sami.

Chwycił mnie za rękę i, nie oglądając się na nic, wprowadził szybko do środka.

Moje serce zaczęło bić mocniej. Starzec mógł się rozsierdzić, wezwać policję, niwecząc tym samym całą naszą podróż.

– Dlaczego to robisz? – zapytałam.

– Bo chciałaś wejść do kaplicy – odrzekł.

Nie byłam w stanie niczego oglądać. Cała ta dyskusja, moja własna słabość przyćmiły urok cudownego poranka.

Wytężałam słuch, aby wyłowić odgłosy dochodzące z zewnątrz. Oczami wyobraźni ujrzałam starca, który oddala się pospiesznie i policję nadjeżdżającą z miasteczka. Bluźniercy. Złodzieje. Popełniliśmy przestępstwo, złamaliśmy prawo. Starzec mówił przecież, że czas zwiedzania już minął! On był słabszy i nie mógł nas powstrzymać. Policja będzie surowsza, gdyż nie uszanowaliśmy ani miejsca, ani starego człowieka.

W kaplicy spędziłam dokładnie tyle czasu, ile trzeba, by zachować pozory spokoju ducha. Moje serce biło jednak tak mocno, że obawiałam się, iż on je usłyszy.

– Możemy już iść – powiedziałam, kiedy wydało mi się, że minął czas zmówienia jednej modlitwy.

– Nie obawiaj się niczego, Pilar. Nie przyszłaś tu przecież po to, by odegrać jakąś rolę.

Nie miałam najmniejszej ochoty, by przykry incydent ze starcem przerodził się w kłótnię między nami.

– Jaką rolę? Nie wiem, o czym mówisz – ucięłam krótko.

– Widzisz, niektórzy ludzie żyją skłóceni z innymi ludźmi, skłóceni z samymi sobą, skłóceni z życiem. Wówczas zaczynają odgrywać spektakl w oparciu o scenariusz, który jest odbiciem ich własnych frustracji.

– Znam wielu takich ludzi i wiem dobrze, o czym mówisz.

– Szkoda tylko, iż nie mogą grać w tej sztuce sami i wciągają w nią innych aktorów. To właśnie uczynił ten człowiek sprzed kaplicy. Pragnął się za coś odegrać i właśnie nas wybrał do tego celu. Gdybyśmy mu ulegli, czulibyśmy teraz żal i smak porażki, bowiem tym samym zgodzilibyśmy się wziąć udział w jego nędznym życiu i w jego rozgoryczeniach. Zawziętość tego starca była uderzająca, więc łatwo nam było nie dać się wciągnąć w jego grę. Inni natomiast „powołują" nas na scenę, bo żyją w wiecznym poczuciu krzywdy, narzekają bezustannie na niesprawiedliwość losu i wymagają od nas poparcia, uczestnictwa w ich życiu.

Spojrzał mi głęboko w oczy.

– Miej się na baczności – rzekł. – Bowiem jeśli ktoś przystępuje do tej gry, zawsze wychodzi z niej przegrany.

Miał rację. Mimo to nie czułam się swobodnie w tej kaplicy.

– Już się pomodliłam. Możemy iść.

Wyszliśmy – i oślepiły mnie ostre promienie słoneczne, kontrastujące z mrokiem panującym w świątyni. A kiedy moje oczy przywykły do światła, zauważyłam, że starzec gdzieś dawno zniknął.

– Chodźmy coś zjeść – zadecydował, kierując kroki w stronę miasteczka.

Do obiadu wypiłam dwie lampki wina. Nigdy w swym życiu nie piłam, tyle co teraz. Czyżbym popadała w nałóg? Chyba przesadzam – pocieszyłam się.

Mój przyjaciel rozmawiał z kelnerem. Dowiedział się, że gdzieś w okolicy znajdują się jakieś ruiny z czasów rzymskich. Starałam się śledzić rozmowę, ale nie mogłam ukryć złego humoru.

Księżniczka zamieniła się w ropuchę. Jakie to w końcu ma znaczenie? Czy rzeczywiście muszę dwoić się i troić, skoro tak naprawdę niczego nie szukam – ani mężczyzny, ani miłości?

„Przecież wiedziałam od razu – myślałam w duchu. – Wiedziałam, że cały mój dotychczasowy świat legnie w gruzach. Rozsądek ostrzegał mnie, ale serce nie posłuchało jego rad".

Przyszło mi zapłacić wysoką cenę, by zdobyć to, co mam. Musiałam wyrzec się wielu rzeczy, których niegdyś pragnęłam, zrezygnować z tylu dróg, które otwierały się przede mną. Poświęciłam wszystkie marzenia w imię jednego, najważniejszego – spokoju ducha. I za nic nie chciałam tego spokoju utracić.

– Jesteś rozdrażniona – rzekł, skończywszy rozmowę z kelnerem.

– Tak, jestem. Sądzę, że tamten starzec powiadomił policję. Sądzę, że to miasteczko jest zbyt małe, by nie wiedzieli, gdzie nas szukać. Sądzę także, że twój upór, aby zjeść tu obiad, może obrócić w niwecz całą naszą podróż.

Bawił się szklanką. Zapewne wiedział dokładnie, że wcale nie o to mi chodziło, że po prostu było mi wstyd. Dlaczego postępujemy w ten sposób? Dlaczego widzimy tylko źdźbło w naszym oku, a nie dostrzegamy gór, pól i gaju oliwnego?

– Zapewniam cię, nic takiego się nie wydarzy – odrzekł. – Tamten starzec dawno już siedzi w domu i nawet nie pamięta porannego zajścia. Zaufaj mi.

„To przecież nie z tego powodu jestem rozdrażniona, głupcze" – pomyślałam.

– Słuchaj raczej głosu swego serca – ciągnął dalej.

– Właśnie dokładnie to robię – odpowiedziałam. – I marzę, żeby jak najszybciej stąd wyjść. Nie czuję się tu dobrze.

– Nie pij więcej wina w ciągu dnia. To w niczym nie pomaga.

Do tej pory jakoś nad sobą panowałam. Ale teraz przebrała się miara i postanowiłam wyrzucić z siebie to, co leżało mi na sercu.

– Wydaje ci się, że wiesz już wszystko. Potrafisz dostrzec magiczne chwile i mówić o zapomnianym dziecku, które w nas drzemie. Zastanawiam się, co ty właściwie tu ze mną robisz.

Uśmiechnął się.

– Podziwiam cię – odpowiedział. – A także podziwiam walkę, którą toczysz z własnym sercem.

– Jaką walkę?

– Dajmy spokój – odrzekł.

Dobrze wiedziałam, co ma na myśli.

– Nie łudź się – odpowiedziałam. – Zresztą, jeśli chcesz, możemy o tym porozmawiać. Mylisz się co do moich uczuć.

Przerwał zabawę szklanką i popatrzył mi w oczy.

– Nie łudzę się. Wiem, że mnie nie kochasz.

Jego słowa sprawiły, że poczułam się jeszcze bardziej zagubiona.

– Ale będę o to walczył. W życiu bowiem istnieją rzeczy, o które warto walczyć do samego końca.

Nie wiedziałam, co powiedzieć.

– A ty jesteś tego warta – zakończył.

Odwróciłam głowę. Przed chwilą czułam się niczym ropucha, teraz stawałam się na nowo księżniczką.

„Chciałabym móc wierzyć jego słowom – myślałam, patrząc na obraz przedstawiający rybaków i ich łodzie. – Niewiele by to zmieniło, ale przynajmniej nie czułabym się taka samotna i taka żałosna".

– Wybacz mi moją złość – powiedziałam w końcu.

A on uśmiechnął się tylko, wezwał kelnera i zapłacił rachunek.

W drodze powrotnej czułam się jeszcze bardziej zbita z tropu. Może sprawiło to słońce? Ale nie, była przecież jesień i słońce nie przygrzewało zbyt ostro. Może ten starzec, choć on już dawno zniknął z mojego życia.

A może wszystko to, co było nowe? Kiedy but jest nowy, uwiera. Życie wcale nie jest inne: dopada nas znienacka i zmusza do pójścia w nieznane – gdy tego wcale nie chcemy, gdy tego nie potrzebujemy.

Próbowałam skupić się na krajobrazie, ale już nie widziałam ani gaju oliwnego, ani pól, ani miasteczka na wzgórzu, ani kaplicy ze starcem siedzącym na schodach. Wszystko to oddalało się ode mnie coraz bardziej.

Przypomniałam sobie wczorajsze pijaństwo i refren piosenki, którą śpiewał.

¿Las tardecitas de Buenos Aires tienen este no sé... qué sé yo? Viste? Salí de tu casa, por Arenales.

[Wieczory w Buenos Aires mają coś takiego, czy ja wiem? Widziałaś, wyszedłem z twojego domu ulicą Arenales.]

Dlaczego Buenos Aires, skoro byliśmy w Bilbao? I co to za ulica – Arenales? Czego właściwie chciał?

– Co to za piosenka, którą śpiewałeś wczoraj?

– *Ballada dla szaleńca* – odrzekł. – Tylko dlaczego dopiero dzisiaj o to pytasz?

– Ot, tak sobie – odpowiedziałam.

Chociaż tak, był właściwie powód. Wiedziałam, że nucił tę piosenkę, bo była ona pułapką. I sprawił, iż zapamiętałam jej słowa. A przecież musiałam się nauczyć na pamięć tylu innych rzeczy, czekał mnie trudny egzamin. Mógł zaśpiewać jakąś znaną piosenkę, którą słyszałam już tysiąc razy – ale wybrał coś całkiem mi nie znanego.

To pułapka. Ilekroć dźwięki tej melodii popłyną z radia lub płyty, wskrzeszę w pamięci jego obraz. Przypomnę sobie Bilbao i tamten czas, w którym jesień mojego życia znowu przemieniła się w wiosnę. Przypomnę sobie tamte wzruszenia, wspólne przeżycia oraz to dziecko, które obudziło się we mnie Bóg wie kiedy.

On to wszystko przewidział. Był rozsądny, obyty, wiele w życiu widział i dobrze wiedział, jak zdobyć kobietę, której pragnie.

„Chyba oszaleję – powtarzałam sobie w duchu. – Podejrzewam, że jestem alkoholiczką, bo wypiłam raptem parę lampek wina przez dwa dni z rzędu. Sądzę, że jest przebiegły, a swoją łagodnością zdobył władzę i kontrolę nade mną".

„Podziwiam walkę, którą toczysz z własnym

sercem" – powiedział w restauracji.

Ale on się mylił. Już dawno temu rozprawiłam się ze swoim sercem. I na pewno nie pokocham tego, co niemożliwe. Bo znam własne granice i odporność na cierpienie.

– Powiedz coś – poprosiłam, gdy wracaliśmy do samochodu.

– Ale co?

– Cokolwiek. Porozmawiaj ze mną.

Wtedy zaczął opowiadać o objawieniach Matki Boskiej w Fatimie. Doprawdy nie wiem, skąd przyszedł mu do głowy ten pomysł – ale udało mi się nieco odprężyć, słuchając historii o trójce pastuszków.

Moje serce powoli uspokajało się. Tak, znam dobrze własne granice i potrafię panować nad sobą.

Przybyliśmy na miejsce w nocy, ale mgła opadła tak nisko, że trudno było cokolwiek dojrzeć.

Dostrzegłam zaledwie zarys jakiegoś małego placu, parę latarni, kilka średniowiecznych domów słabo oświetlonych żółtawym światłem oraz studnię.

– Mgła! – rzekł podniecony. – Jesteśmy w Saint--Savin.

Sama nazwa niewiele mi mówiła, jednak ucieszyłam się, bo wreszcie byliśmy we Francji.

– Dlaczego wybrałeś akurat to miejsce? – zapytałam.

– Z powodu domu, który pragnę ci sprzedać – odrzekł śmiejąc się. – A poza tym obiecałem sobie kiedyś, że wrócę tutaj w dniu święta Niepokalanego Poczęcia.

– Właśnie tutaj?

– Niedaleko stąd.

Zatrzymał samochód. A kiedy z niego wysiedliśmy, chwycił mnie za rękę i zabrał na spacer we mgle.

– To miejsce nieoczekiwanie wtargnęło w moje życie – powiedział.

„Tak jak ty wtargnąłeś w moje" – pomyślałam.

– Niegdyś w tym właśnie miejscu uświadomiłem sobie, że zboczyłem z obranej drogi. Jednak myliłem się, tak naprawdę tu ją dopiero odnalazłem.

– Jesteś bardzo tajemniczy – zauważyłam.

– To właśnie tu zrozumiałem, jak bardzo mi cię brakowało przez te wszystkie lata.

Rozejrzałam się wokół, choć nie wiedziałam, dlaczego to robię.

– A jaki to ma związek z twoją drogą życiową?

– Najpierw znajdźmy może pokój do wynajęcia, gdyż jedyne dwa hotele w tym miasteczku są otwarte tylko latem. Potem zjemy kolację w jakiejś dobrej restauracji – tym razem bez stresu, bez lęku przed policją i bez obawy, że będziemy musieli szybko uciekać do samochodu. A gdy w końcu wino rozwiąże nam języki, porozmawiamy spokojnie o wszystkim.

Roześmieliśmy się oboje. Poczułam się lekko i swobodnie. Jadąc tutaj, uświadomiłam sobie, ile bzdur wbiłam sobie do głowy przez lata. A gdy mijaliśmy przełęcz oddzielającą Francję od Hiszpanii, poprosiłam Boga, by oczyścił moją duszę z niepokoju i bojaźni.

Nie chciałam już nigdy więcej zachowywać się jak mała dziewczynka, postępować jak wiele moich koleżanek, które bały się miłości niemożliwej do spełnienia, ale nie wiedziały dokładnie, czym jest tak naprawdę owa „miłość nie spełniona".

Gdybym teraz myślała jak one, straciłabym cały urok tych kilku dni spędzonych razem z nim.

„Uważaj – pomyślałam w duchu. – Uważaj na szczelinę w tamie. Kiedy się pojawi, już nic na tym świecie nie zdoła jej zasklepić".

– Niech Najświętsza Panna strzeże nas teraz i na wieki wieków – rzekł.

Milczałam.

– Dlaczego nie powiedziałaś „amen"? – zapytał.

– Nie sądzę, żeby to miało jakiekolwiek znaczenie. Niegdyś religia stanowiła część mego życia, ale te czasy należą już do przeszłości.

Zawróciliśmy, kierując się powoli w stronę samochodu.

– Ale czasem jeszcze zdarza mi się zmówić modlitwę – ciągnęłam dalej. – Modliłam się, gdy przeprawialiśmy się przez Pireneje. Lecz robiłam to bezwiednie i nie mam pojęcia, czy rzeczywiście jestem osobą wierzącą.

– Dlaczego?

– Ponieważ Bóg mnie nie wysłuchał, kiedy cierpiałam. Parę razy w życiu próbowałam kochać całym sercem, ale moje uczucie zostało wzgardzone i odepchnięte. Jeśli rzeczywiście Bóg jest Miłością, to powinien był bardziej dbać o moje uczucia.

– Bóg jest Miłością. Ale to Najświętsza Panna jest tą istotą, która najlepiej rozumie, co dzieje się w ludzkim sercu.

Wybuchnęłam śmiechem, lecz gdy spojrzałam na niego, zobaczyłam, iż mówił zupełnie poważnie – to nie był wcale żart.

– Święta Dziewica rozumie tajemnicę całkowitego oddania – ciągnął dalej. – I przez to, że sama kochała i cierpiała, uwolniła nas od bólu. Tak samo jak Jezus uwolnił nas od grzechu.

– Jezus był synem Boga, zaś Maria zwykłą kobietą, która otrzymała Łaskę i przyjęła Go do swego łona – odrzekłam. Chciałam jakoś zatuszować wybuch ironicznego śmiechu, chciałam, aby zrozumiał, że szanuję jego uczucia religijne. Wiara i miłość nie podlegają dyskusji, tym bardziej w tym cudownym miasteczku.

Otworzył drzwi do samochodu i wyjął nasze bagaże. A kiedy próbowałam odebrać swoje rzeczy z jego rąk, uśmiechnął się tylko.

– Pozwól mi nieść twoją torbę – rzekł.

„Kiedy ostatnio ktoś tak o mnie dbał?" – pomyślałam wzruszona.

Zapukaliśmy do pierwszych napotkanych drzwi, ale nie wynajmowano tam pokoi. W następnym domu nikt nawet nie otworzył. Wreszcie w trzecim przyjął nas miły staruszek – ale kiedy poszliśmy obejrzeć pokój, okazało się, że jest tylko jedno duże łóżko. Odmówiłam.

– Pojedźmy raczej do jakiegoś większego miasta – zaproponowałam.

– Zaraz znajdziemy pokój – odpowiedział. – Czy znasz ćwiczenie Innego? Jest częścią napisanej przed stu laty historii, której autor...

– Nie mówmy o autorze, lepiej opowiedz mi po prostu tę historię – poprosiłam, gdy przechodziliśmy przez jedyny plac w Saint-Savin.

Pewien człowiek spotkał starego przyjaciela, który nigdy nie odkrył swego powołania. „Pewnie będę musiał znowu dać mu parę groszy" – pomyślał. Ale tego samego wieczoru dowiedział się, że jego przyjaciel stał się bogatym człowiekiem i wró-

cił, by spłacić zaciągnięte długi.

Poszli więc do baru, w którym ongiś często bywali, i tam jego przyjaciel postawił wszystkim gościom po kielichu wina. A pytany o przyczynę tak wielkiej hojności, odpowiedział, że jeszcze do niedawna był kimś Innym.

– A kim jest ten Inny?– zaciekawili się goście.

– Inny jest tym, którym nauczono mnie być, ale to wcale nie ja. Inny wierzy, że powinnością każdego człowieka jest przez całe życie głowić się, jak zgromadzić pieniądze, by na starość nie umrzeć z głodu. I człowieka tak bardzo pochłaniają myśli i plany na przyszłość, że przypomina sobie o życiu dopiero wtedy, gdy jego dni na ziemi są policzone. Ale wówczas na wszystko jest już za późno.

– A ty kim jesteś?

– Jestem tym, kim może być każdy z nas, jeśli słucha swego serca. Człowiekiem, którego zachwyca tajemnica życia, który dostrzega cuda i czerpie radość z tego, co robi. Tyle tylko, że ten Inny – z lęku przed cierpieniem – nie pozwalał mi dotąd działać.

– Niemniej cierpienie istnieje – zaoponowali jego przyjaciele.

– Istnieją jedynie porażki. Lecz nikt nie zdoła przed nimi uciec. Dlatego w walce o marzenia lepiej przegrać parę drobnych potyczek, niż zostać pokonanym na całej linii, nie wiedząc nawet, o co się walczyło.

– I tylko tyle? – zapytali.

– Tak, tylko tyle. Kiedy dokonałem tego odkrycia, postanowiłem stać się tym, kim zawsze pragnąłem być. Inny tkwił ciągle obok, w moim pokoju, wciąż na mnie patrzył, ale nigdy więcej nie po-

zwoliłem mu się do siebie zbliżyć – choć wiele razy próbował mnie ostrzec przed ryzykiem płynącym z lekceważenia przyszłości.

I począwszy od dnia, gdy wypędziłem Innego z mojego życia, Moc Boska dokonała cudów.

„Sądzę, że on sam wymyślił tę historię. Może jest piękna, ale nie może być prawdziwa" – pomyślałam, gdy poszukiwaliśmy noclegu. Saint-Savin liczyło niespełna trzydzieści domów i niebawem, tak jak podejrzewałam, będziemy zmuszeni pojechać do większego miasta.

Choćby nie wiem ile było w nim zapału, choćby posłał Innego na koniec świata, i tak mieszkańcy Saint-Savin nie dowiedzą się nigdy, że jego marzeniem było spędzenie nocy właśnie w ich miasteczku i z pewnością mu w tym nie pomogą. Kiedy opowiadał swą historię, odniosłam wrażenie, że mówi o mnie: o moim lęku, braku pewności siebie, o niemożności dostrzegania piękna, w obawie że dzień jutrzejszy położy kres marzeniom i znowu powróci codzienne cierpienie.

A bogowie grają w kości i nie pytają wcale, czy chcesz przyłączyć się do gry. Jest im obojętne, że właśnie porzuciłeś kogoś, dom, pracę, karierę czy marzenia. Bogowie kpią sobie z twojego poukładanego życia, w którym każde pragnienie można osiągnąć wytężoną pracą i wytrwałością. Bogowie nie przejmują się zbytnio ani naszymi planami na przyszłość, ani oczekiwaniami. Gdzieś we wszechświecie rzucają kości, i przypadkiem wypada twoja kolej. I odtąd zwyciężyć lub przegrać – to tylko kwestia szczęścia.

Bogowie grają w kości i uwalniają Miłość

z okowów. Jej siła może tworzyć lub niszczyć – w zależności od kierunku, w jakim powiał wiatr, gdy wychodziła z niewoli.

Jak dotąd wiatry mu sprzyjały. Lecz wiatry bywają równie kapryśne jak bogowie, i w głębi duszy zaczęłam odczuwać ich pierwsze porywy.

I jakby los starał się udowodnić mi, że historia Innego była prawdziwa, a wszechświat zawsze sprzyja marzycielom – znaleźliśmy w końcu pokój z dwoma łóżkami. Wykąpałam się, uprałam bieliznę i włożyłam nowy podkoszulek. Czułam się jak nowo narodzona i to dodało mi pewności siebie.

„Kto wie, może Innej nie spodoba się moja bluzka?" – zażartowałam w duchu.

Po kolacji w towarzystwie naszych gospodarzy – bowiem jesienią i zimą wszystkie restauracje są zamknięte – mój przyjaciel poprosił o butelkę wina, obiecując, że odkupi ją następnego dnia.

Włożyliśmy płaszcze, złapaliśmy dwie pożyczone szklanki i wyszliśmy.

– Usiądźmy przy studni – zaproponowałam.

Usadowiliśmy się wygodnie, popijając wino, by odpędzić jakoś od siebie zimno i odprężyć się.

– Wydaje mi się, że Inny znowu wstępuje w ciebie i opuścił cię dobry nastrój.

Zaśmiał się.

– Wierzyłem, że uda nam się znaleźć pokój i w końcu go znaleźliśmy. Bo wszechświat zawsze pomaga nam spełnić marzenia, nawet najbardziej błahe. A ponieważ są to nasze marzenia, tylko my jesteśmy w stanie ocenić, jak wysoką cenę za nie płacimy.

Mgła, której światło latarni nadawało złocisty

odcień, nie pozwalała dojrzeć przeciwległej strony placu.

Wzięłam głęboki oddech i postanowiłam rozpocząć rozmowę, której nie mogliśmy już dalej odkładać.

– Mieliśmy rozmawiać o miłości – zaczęłam. – Nie możemy przecież w nieskończoność omijać tego tematu. Wiesz dobrze, co się ze mną działo przez ostatnie dni. Gdyby to zależało ode mnie, ten temat mógłby nie istnieć, ale skoro już się pojawił – nie mogę przestać o nim myśleć.

– Kochać to niebezpieczna rzecz.

– Wiem o tym dobrze – odrzekłam. – Kochałam już nieraz. Miłość jest jak narkotyk. Na początku odczuwasz euforię, poddajesz się całkowicie nowemu uczuciu. A następnego dnia chcesz więcej. I choć jeszcze nie wpadłeś w nałóg, to jednak poczułeś już jej smak i wierzysz, że będziesz mógł nad nią panować. Myślisz o ukochanej osobie przez dwie minuty, a zapominasz o niej na trzy godziny. Ale z wolna przyzwyczajasz się do niej i stajesz się całkowicie zależny. Wtedy myślisz o niej przez trzy godziny, a zapominasz na dwie minuty. Gdy nie ma jej w pobliżu – czujesz to samo co narkomani, kiedy nie mogą zdobyć narkotyku. Oni kradną i poniżają się, by za wszelką cenę dostać to, czego tak bardzo im brak. A ty jesteś gotów na wszystko, by zdobyć miłość.

– Co za okropne porównanie – oburzył się.

To rzeczywiście było okropne porównanie, które zupełnie nie pasowało do wybornego wina, starej studni i średniowiecznych domów okalających mały plac. Ale taka była prawda. W końcu po tym, co już uczynił w imię miłości, powinien poznać również groźbę, jaką ona niesie.

– Dlatego warto kochać jedynie tę osobę, którą jesteśmy w stanie utrzymać u swego boku – dokończyłam.

Jego wzrok na długo zatonął we mgle. Wyglądało na to, że nie wypuścimy się znowu na niebezpieczne wody rozmów o miłości. Byłam świadoma własnego okrucieństwa, ale nie miałam innego wyboru.

„No i wyczerpaliśmy temat – pomyślałam w duchu. – Przeżyliśmy wspólnie te trzy dni, widział mnie ciągle w tym samym ubraniu i jego zapał pewnie ostygł". Moja kobieca duma była zraniona, ale przynajmniej serce biło spokojniej.

Czy naprawdę tego oczekiwałam?

Już przeczuwałam nadciągającą burzę, niesioną przez wichry miłości. Dostrzegałam pierwsze pęknięcie na ścianie zapory.

Jakiś czas popijaliśmy wino i rozmawialiśmy o błahostkach. Ucięliśmy sobie pogawędkę o gospodarzach domu i o świętym, który założył to miasteczko. Opowiedział mi także legendę o kościele, zatopionym we mgle po drugiej stronie placu.

– Wydajesz się jakby nieobecna – rzekł w pewnej chwili.

To prawda, myślami byłam daleko. Wolałabym siedzieć tu z mężczyzną, który nie nękałby mojego serca, z mężczyzną, z którym mogłabym cieszyć się tą chwilą, bez obawy że stracę go następnego dnia. A wtedy czas płynąłby wolniej, a my moglibyśmy spokojnie trwać w milczeniu, gdyż mielibyśmy całe życie na rozmowy. Nie musiałabym więcej zaprzątać sobie głowy poważnymi sprawami, trudnymi decyzjami i przykrymi słowami.

Między nami zapadło milczenie, które coś znaczyło. Uzmysłowiłam to sobie dopiero wtedy, kiedy podniósł się, by pójść po drugą butelkę wina. Milczeliśmy. Wsłuchiwałam się w odgłos jego kroków, gdy wracał do studni, przy której siedzieliśmy od godziny, popijając wino i patrząc na miasteczko we mgle.

Po raz pierwszy milczeliśmy naprawdę. Nie była to owa wymuszona cisza, w której zatopieni byliśmy podczas podróży z Madrytu do Bilbao. Nie było to milczenie strwożonego serca w kaplicy San Martin de Unx.

To milczenie mówiło mi, że czasem nie warto do końca wszystkiego sobie wyjaśniać.

Jego kroki ucichły. Patrzył na mnie, a to, co widział, musiało być piękne: postać kobiety siedzącej na brzegu studni w mglistą noc, rozjaśnioną światłem latarni. Średniowieczne domy, jedenastowieczny kościół i absolutna cisza.

Zdecydowałam się odezwać, kiedy druga butelka wina opróżniona była do połowy.

– Dziś rano byłam już przekonana, że wpadłam
w nałóg. Codziennie piję. Przez ostatnie trzy dni
wypiłam więcej niż przez cały ubiegły rok.

Bez słowa pogładził mnie po głowie. Czułam
dotyk jego dłoni i nie próbowałam nawet uniknąć
tej pieszczoty.

– Opowiedz mi coś o swoim życiu – poprosiłam.

– Nie kryje ono wielkich tajemnic. Podążam
swoją drogą i czynię, co w mojej mocy, by godnie
ją przebyć.

– A jaka jest twoja droga?

– To droga człowieka, który poszukuje miłości.

Przez chwilę obracał w dłoni niemal pustą butelkę.

– Droga miłości bywa czasem bardzo kręta –
dorzucił.

– Ponieważ droga ta wiedzie nas do nieba albo prowadzi prosto do piekieł – powiedziałam, nie do końca pewna, czy to mnie miał na myśli.

Nic nie odrzekł. Może pochłonął go ocean ciszy? Ale wino na powrót rozwiązało mi język i rosła we mnie potrzeba mówienia.

– Powiedziałeś kiedyś, że właśnie tu, w tym miasteczku coś odmieniło twój los.

– Wierzę, że tak. Choć nie jestem tego do końca pewien i dlatego chciałem, abyś przyjechała tu ze mną.

– Czy to jest próba dla mnie?

– Nie. To mój akt wiary. Pragnąłbym, aby mi dopomogła podjąć właściwą decyzję.

– Któż taki?

– Najświętsza Panna.

Najświętsza Panna. Powinnam się tego spodziewać, choć byłam zaskoczona, że lata podróży, odkryć, nowych horyzontów nie uwolniły go dotąd z katolicyzmu dziecięcych lat. Ja i nasi rówieśnicy przeszliśmy ewolucję – wyswobodziliśmy się dawno z poczucia winy i brzemienia grzechów.

– To zadziwiające, że po tym wszystkim, co cię w życiu spotkało, zachowałeś do dziś tę samą wiarę.

– Wcale nie zachowałem. Utraciłem ją i odnalazłem na nowo.

– Wiarę w święte dziewice? W rzeczy niemożliwe i fantastyczne? Przypuszczam, że prowadziłeś ożywione życie seksualne?

– Normalne. Byłem zakochany w wielu kobietach.

Poczułam lekkie ukłucie zazdrości i samą mnie to zdziwiło. Ale walka, która toczyła się w mojej duszy, jakby ucichła i nie chciałam jej już podsycać.

– Dlaczego właściwie mówi się o Niej „Dziewica"? Dlaczego nie przedstawia się Matki Boskiej jako zwyczajnej kobiety, podobnej do tylu innych?

Wysączył resztki wina z butelki i zapytał, czy chcę, aby poszedł po jeszcze jedną. Odmówiłam.

– Tak naprawdę to chcę, żebyś odpowiedział na moje pytanie. Zawsze, gdy poruszamy pewne sprawy, starasz się zmienić temat.

– Ona rzeczywiście była zwyczajną kobietą. Miała zresztą więcej dzieci. Biblia mówi nam, że Jezus miał dwóch braci. Pogląd o poczęciu Jezusa w łonie dziewicy tłumaczy się tym, iż Maria dała początek nowemu rozumieniu Łaski. Razem z Nią zaczyna się zupełnie nowa epoka. Ona jest wybranką wszechświata – Ziemią, która otwiera się dla Nieba i pozwala mu się zapłodnić. I właśnie dzięki Jej odwadze, by pogodzić się z własnym przeznaczeniem, Bóg może zejść na Ziemię, a Ona staje się Wielką Matką.

Nic nie rozumiałam z jego wywodów – i od razu to zauważył.

– Ona jest kobiecym obliczem Boga i sama przez to staje się Boginią.

W jego głosie wyczuwałam napięcie, a jego słowom brakowało pewności, tak jakby popełniał jakiś grzech.

– Boginią? – zdziwiłam się.

Czekałam na dalsze wyjaśnienia. Jeszcze przed chwilą myślałam z ironią o jego wierze katolickiej, ale teraz jego słowa wydawały mi się wręcz bluźniercze.

– Kim jest Święta Dziewica? Kim jest Bogini? –

sama w końcu powróciłam do tematu.

– Trudno to wytłumaczyć – powiedział zakłopotany. – Mam przy sobie kilka stron tekstu, możesz to przeczytać, jeśli chcesz.

– Nie chcę teraz niczego czytać, chcę, żebyś ty sam mi to wytłumaczył – nalegałam.

Sięgnął po wino, ale butelka była już dawno pusta. Nie pamiętaliśmy już, co nas przywiodło do tej studni. Coś ważnego znajdowało się tutaj, a jego słowa jakby dopełniały cudu.

– Mów dalej – poprosiłam.

– Jej symbolem jest woda, zaś mgła, która się nad nami dzisiaj unosi, jest Jej otoczką. Bogini daje znać o sobie za pomocą wody.

Wydawało się, że mgła nabrała życia i również stała się świętością – chociaż nadal nie mogłam zrozumieć sensu jego słów.

– Nie chcę ci tu robić wykładu z historii. Jeśli pragniesz dowiedzieć się czegoś więcej – przeczytaj, proszę, tekst, który przyniosłem ze sobą. Ale wiedz jedno, ta kobieta – Bogini, Wielka Matka, Izis, żydowska Shechonah, Zofia, pani i niewolnica – obecna jest we wszystkich religiach świata. I choć nieraz szła w zapomnienie, była zakazana, przybierała inną postać, to jednak jej kult przetrwał w ukryciu przez całe tysiąclecia, aż do naszych czasów. Jednym z wizerunków Boga jest właśnie oblicze kobiety.

Spojrzałam na niego. Jego oczy były pełne blasku, a wzrok zatonął we mgle. Nie potrzebowałam więcej nalegać, by mówił dalej.

– Jest obecna już w pierwszych słowach Biblii – kiedy Duch Boży unosi się nad wodami, które oddziela sklepieniem gwiazd. To mistyczne zaślubiny

Ziemi i Nieba.

I jest obecna w ostatnich słowach Biblii, kiedy

...Duch i Oblubienica mówią: Przyjdź!
A kto słyszy, niech powie: Przyjdź!
I kto odczuwa pragnienie, niech przyjdzie,
kto chce, niech wody życia darmo zaczerpnie.

– Powiedz mi, dlaczego woda stała się symbolem kobiecego oblicza Boga?

– Nie mam pojęcia. Ale zazwyczaj Bogini objawia się za jej pośrednictwem. Może dlatego, że woda jest źródłem życia? Człowiek zostaje poczęty w wodzie i przebywa w wodach płodowych przez dziewięć miesięcy. Woda jest również symbolem kobiecej mocy. Mocy, której żaden mężczyzna – nawet najbardziej światły i doskonały – nigdy nie będzie mógł posiąść.

Przerywał co jakiś czas, by już po chwili podjąć na nowo:

– W każdej religii tego świata i w każdej tradycji zawsze się Ona pojawia, przybiera jedynie odmienną postać. Ponieważ jestem katolikiem, dostrzegam Ją w wizerunku Najświętszej Marii Panny.

Wziął mnie za rękę i po pięciu minutach marszu opuściliśmy Saint-Savin. Po drodze minęliśmy kapliczkę z krzyżem i figurą Matki Boskiej w miejscu, gdzie zazwyczaj znajduje się postać Chrystusa. Myślałam o jego słowach – i byłam zaskoczona tym osobliwym zbiegiem okoliczności.

Otoczyły nas szczelnie ciemności i mgła. Wyobraziłam sobie siebie samą w wodzie, w matczynym łonie, gdzie nie istnieją ani czas ani myśli. Jego słowa nabrały nieoczekiwanie innego wymiaru, niezwykłego sensu. Przypomniałam sobie kobietę poznaną na jego wykładzie i dziewczynę, która zaprowadziła mnie na plac Cybeli. Ona również mówiła, że woda jest symbolem Bogini.

– Jakieś dwadzieścia kilometrów stąd znajduje się grota – ciągnął dalej. – 11 lutego 1858 roku pewna dziewczynka wraz z dwojgiem innych dzieci zbierała chrust w jej bliskim sąsiedztwie. Była kruchym, wątłym dzieckiem, cierpiała na astmę i żyła niemal na skraju nędzy. Była zima i tego dnia dziewczynka bała się przeprawić przez strumyk – mogła wpaść do wody, przemoczyć się, rozchorować, a wiedziała dobrze, jak bardzo jej rodzice potrzebowali tych marnych paru groszy, które zarabiała jako pasterka. Wtedy właśnie jej oczom ukazała się kobieta w bieli, z dwiema złotymi różami spoczywającymi u jej stóp. Traktowała dziewczynkę niczym księżniczkę i uprzejmie ją poprosiła, aby przyszła w to samo miejsce określoną ilość razy, po czym znikła. Dzieci, które widziały dziewczynkę w ekstazie, rozniosły niebawem tę historię po okolicy.

Od tej pory życie dziewczynki stało się długim pasmem udręk. Została uwięziona, kazano jej wyprzeć się wszystkiego. Kuszono ją pieniędzmi, by wybłagała szczególne względy u objawionej postaci. W pierwszych dniach po tym niezwykłym wydarzeniu jej rodzina została publicznie obrzucona obelgami – mówiono, że wszystko wymyśliła jedynie po to, by zwrócić na siebie uwagę.

Bernadeta – bo tak nazywała się mała – nie miała najmniejszego pojęcia o naturze zjawiska, którego była naocznym świadkiem. Mówiła o owej postaci „Tamto", a w końcu jej zrozpaczeni rodzice poszli szukać pomocy u proboszcza pobliskiej parafii. To on podsunął im myśl, by następnym razem dziewczynka zapytała ową tajemniczą kobietę, jak brzmi jej imię.

Bernadeta uczyniła to, co nakazał jej ksiądz, ale jedyną odpowiedzią, jaką otrzymała, był uśmiech. „Tamto" objawiło się w sumie osiemnaście razy i niemal nigdy nie padło ani jedno słowo. Jednak raz tajemnicza dama poprosiła dziewczynkę, by ucałowała ziemię. Bernadeta, nie rozumiejąc nic a nic, posłusznie wykonała polecenie. Innym znów razem dama poprosiła, by dziewczynka wykopała w grocie dołek. Bernadeta spełniła prośbę i niebawem dołek wypełnił się błotnistą wodą, gdyż wcześniej to miejsce było chlewikiem dla świń.

A teraz napij się tej wody – rzekła dama w bieli.

Brudna woda napawała ją jednak takim obrzydzeniem, że Bernadeta nabierała jej w dłonie i wylewała po trzykroć, nie mając odwagi wziąć jej do ust. W końcu ze wstrętem wypiła parę kropli. W miejscu, w którym wykopała dołek, bije dzisiaj źródło. Jakiś ślepy na jedno oko mężczyzna pokropił twarz wodą i odzyskał wzrok. Jakaś kobieta – oszalała z bólu matka umierającego dziecka – zanurzyła niemowlę w źródlanej wodzie, w dniu gdy temperatura spadła poniżej zera, i jej dziecko cudownie ozdrowiało.

Z czasem niezwykła wieść rozniosła się po okolicy, i tysiące ludzi wyruszyło do tego osobliwego miejsca. Dziewczynka na rozliczne sposoby starała się poznać imię kobiety, lecz na próżno – w odpowiedzi otrzymywała jedynie uśmiech. Aż do dnia, kiedy „Tamto" zwróciło się do Bernadety w te słowa:

– *Jestem Niepokalanym Poczęciem.*

Uradowana dziewczynka pobiegła czym prędzej do proboszcza, by opowiedzieć mu, co zaszło.

„Ależ to niemożliwe! – wykrzyknął wzburzony ksiądz. – Moje dziecko, nikt nie może być jednocześnie i drzewem, i owocem. Wróć tam, skąd przyszłaś, i rzuć parę kropel święconej wody".

Dla owego proboszcza jedynie Bóg mógł istnieć od początku świata – a Bóg, według wszelkich wskazówek, jest mężczyzną. Mój przyjaciel na dłuższą chwilę przerwał swoje opowiadanie.

– Bernadeta pokropiła „Tamto" święconą wodą, ale objawiona postać uśmiechnęła się jedynie z czułością. I nie działo się nic więcej. 16 lipca dama w bieli objawiła się po raz ostatni. Niedługo po tym wydarzeniu Bernadeta wstąpiła do klasztoru, nie wiedząc, że całkiem odmieniła losy tamtej małej wioski, położonej nie opodal groty. Ze źródła nadal tryska woda, a cudowne uzdrowienia zdarzają się po dziś dzień.

Wiadomość najpierw obiegła Francję, a wkrótce cały świat. Miasteczko rozrosło się niepomiernie i zmieniło nie do poznania. Licznie przybyli tam kupcy, jak grzyby po deszczu wyrosły hotele. A kiedy Bernadeta umarła, pochowano ją z dala od niezwykłego miejsca. Do ostatnich dni nie wiedziała, co tak naprawdę się wydarzyło.

Niektórzy ludzie pragnący podkopać autorytet Kościoła – bowiem w owych czasach Watykan dopuszczał jeszcze istnienie cudów objawienia – zaczęli preparować fałszywe cuda, które jednak szybko wyszły na jaw. Kościół zareagował z całą stanowczością i od tej chwili za cuda uznawane będą jedynie zjawiska, poddane skrupulatnym badaniom lekarzy i naukowców. Ale woda nadal tryska ze źródła, a z roku na rok rośnie liczba cudownie uzdrowionych.

Odniosłam wrażenie, że nie opodal nas coś zaszeleściło. Wystraszyłam się, jednak on ani drgnął. Otaczająca nas mgła posiadała teraz życie i własną historię. Myślałam o tym, co mi opowiedział. Skąd on to wszystko mógł wiedzieć?

Pomyślałam o kobiecym obliczu Boga. Ten stojący obok mnie mężczyzna miał duszę pełną sprzeczności. Jeszcze nie tak dawno pisał mi, że pragnie wstąpić do seminarium duchownego, a zarazem wierzył, że Bóg ma kobiece oblicze.

Milczał. Ja natomiast czułam się tak, jakbym znowu znalazła się w łonie Matki Ziemi, poza czasem i poza przestrzenią. Cała historia Bernadety rozgrywała się jakby na moich oczach, we mgle, która nas szczelnie spowijała.

Wtedy odezwał się znowu:

– Bernadeta nie miała pojęcia o dwóch rzeczach niezwykłej wagi. Po pierwsze, nim jeszcze wiara chrześcijańska dotarła na te ziemie, otaczające nas góry zamieszkiwali Celtowie – a w ich kulturze Bogini była najwyższym bóstwem. Z pokolenia na pokolenie ludzie otaczali miłością i sławili kobiece oblicze Boga.

– A po drugie...?

– Po drugie, na krótko przed widzeniami Bernadety najwyższe władze Watykanu zwołały tajne obrady. Nikt właściwie nie wiedział, o czym mówiono podczas tych spotkań, a już z całą pewnością nie mógł mieć o tym najmniejszego pojęcia proboszcz maleńkiej parafii w Lourdes.

Wysocy dostojnicy Kościoła katolickiego obradowali wtedy właśnie o losach dogmatu Niepokalanego Poczęcia. I dogmat ten przyjęty został bullą papieską *Ineffabilis Deus*. Jednak opinii publicznej nie wyjaśniono dokładnie znaczenia tego dogmatu.

– A co ty masz z tym wszystkim wspólnego?

– Ja jestem Jej wyznawcą. To Ona nauczyła mnie wszystkiego, co wiem – powiedział, nie zdając sobie sprawy, że wyjawił mi zarazem źródło swojej wiedzy.

– Czy Ona ukazuje się tobie?

– Tak.

Wróciliśmy na rynek i przeszliśmy parę kroków, które dzieliły nas od kościoła. W świetle latarni ujrzałam studnię i stojące na jej brzegu dwie butelki po winie, dwie puste szklanki. I pomyślałam w duchu: „Kiedyś siedziało tam dwoje zakochanych. W ciszy rozmawiały ze sobą ich serca. A gdy te dwa serca powiedziały już sobie wszystko, mogły dzielić ze sobą wielkie tajemnice".

Po raz kolejny brakło miejsca na rozmowę o miłości. A zresztą, jakie to miało znaczenie? Poczułam, że stoję w obliczu rzeczy wielkiej wagi i wiedziałam, że za wszelką cenę muszę dotrzeć do ich sedna. Myślami wracałam jeszcze do moich studiów, do Saragossy, do mężczyzny mojego życia, którego zamierzałam spotkać – ale teraz te sprawy wydawały mi się bardzo dalekie, pogrążone w tej samej mgle, która spowijała Saint-Savin.

– Dlaczego opowiedziałeś mi historię o Bernadecie? – zapytałam.

– Nie wiem dokładnie – odpowiedział, unikając mego wzroku. – Może dlatego, że znajdujemy się w bliskim sąsiedztwie Lourdes. Może dlatego, że pojutrze jest święto Niepokalanego Poczęcia. A może po prostu pragnąłem ci pokazać, że świat, w którym żyję, nie jest ani tak samotny, ani tak szalony, jak mogłoby ci się wydawać. Są w nim inni ludzie i dzielą ze mną tę samą wiarę.

– Nigdy dotąd nie przyszło mi do głowy, że twój świat jest szalony. Zresztą, szalony jest może mój, bowiem trwonię najważniejsze chwile życia, ślęcząc nad stertą książek i zeszytów, poświęcając się studiom, a to wszystko i tak nie pozwoli mi opuścić miejsca, które znam przecież na pamięć.

Jakby odetchnął z ulgą. Wiedział, że go rozumiem. Miałam nadzieję, że powie jeszcze coś więcej o Bogini, ale on tylko odwrócił się do mnie i rzekł:

– Chodźmy już spać – powiedział. – Dużo dziś wypiliśmy.

wtorek
7 grudnia 1993

On zasnął natychmiast, ja natomiast długo nie mogłam zmrużyć oka. Rozmyślałam o mgle za oknem, o miejskim rynku, o smaku wina i o całej naszej rozmowie. Przeczytałam rękopis, który mi pożyczył i poczułam się szczęśliwa, bowiem Bóg – jeśli rzeczywiście istnieje – był i Ojcem, i Matką.

W końcu zgasiłam światło i w ciemnościach rozmyślałam o ciszy, która zapadła między nami, kiedy siedzieliśmy przy studni. To właśnie w tych chwilach, kiedy nie mówiliśmy nic – zrozumiałam, jak bardzo był mi bliski.

Żadne z nas nie wyrzekło ani jednego słowa. Zresztą jaki sens ma rozprawianie o miłości, skoro miłość posiada swój własny głos i mówi sama za siebie. Tamtej nocy, na brzegu studni milczenie pozwoliło zbliżyć się naszym sercom i poznać się lepiej. Moje serce usłyszało, co mówiło jego serce i poczuło się szczęśliwe.

Nim zamknęłam oczy, postanowiłam wykonać

to, co on nazywał „ćwiczeniem Innego".

„Jestem tu, w tym pokoju – myślałam. – Daleko od wszystkiego, do czego przywykłam. Rozmawiam o sprawach, które mnie wcześniej nie dotyczyły. Spędzam noc w mieście, w którym nigdy nie postała moja stopa. Mogę udać – bodaj na parę chwil – że jestem Inna".

I zaczęłam sobie wyobrażać, jak pragnęłabym przeżyć te chwile. Chciałabym być radosna, ciekawa życia, szczęśliwa. Przeżywać intensywnie każdą sekundę, pić zachłannie wodę życia. Jak kiedyś dawać wiarę snom, umieć walczyć o swoje pragnienia.

Kochać mężczyznę, który mnie kocha.

Tak, właśnie taką kobietą pragnęłam być. I nagle ona się pojawiła i stała się mną.

Poczułam, jak moją duszę przenika światłość Boga, a może Bogini – w których dawno temu przestałam wierzyć. Poczułam, jak Inna opuszcza moje ciało i zaszywa się w kącie małego pokoju.

Przyglądałam się kobiecie, którą dotychczas byłam. Była słaba, choć udawała silną, bała się wszystkiego, ale uparcie przekonywała samą siebie, że to nie lęk, lecz mądrość, która dobrze zna życie. Stawiała mury przed oknem, które przepuszczało słoneczną wesołość, w obawie by nie wyblakły jej stare meble.

Widziałam Inną zaszytą w kącie pokoju, słabą, zmęczoną, zgorzkniałą, trzymającą w ryzach i zniewalającą to, co zawsze powinno być na wolności: własne uczucia. Próbującą osądzić przyszłą miłość przez pryzmat zaprzeszłych cierpień.

Miłość jest zawsze nowa. I bez względu na to, czy w życiu kochamy raz, dwa czy dziesięć razy, zawsze stajemy w obliczu nieznanego. Miłość może nas pogrążyć w ogniu piekieł albo zabrać do bram raju — ale zawsze gdzieś nas prowadzi. I czas się z tym pogodzić, albowiem jest ona treścią naszego istnienia. Jeśli się jej wyrzekniemy, umrzemy z głodu pod drzewem życia, nie mając śmiałości, by zerwać jego owoce. Miłości trzeba szukać wszędzie, nawet za cenę długich godzin, dni i tygodni smutku i rozczarowań.

Bowiem kiedy wyruszymy na poszukiwanie Miłości — ona zawsze wyjdzie nam naprzeciw.

I nas wybawi.

A gdy Inna odeszła, zaczęło do mnie mówić moje serce. Powiedziało mi, że przez szczelinę w tamie sączy się już strużka wody, że wokół szaleją wiatry, i że jest szczęśliwe, gdyż znowu usłyszałam jego głos.

Moje serce mówiło mi, że jestem zakochana. I zasnęłam z uśmiechem, szczęśliwa.

Gdy się obudziłam, okno otwarte było na oścież, a on spoglądał na pobliskie góry. Nie odezwałam się ani słowem. Byłam gotowa natychmiast zamknąć oczy, gdyby nagle odwrócił głowę.

Tak jakby odczytał moje myśli, odwrócił się i spojrzał na mnie.

– Dzień dobry – rzekł.

– Dzień dobry. Zamknij okno, bo jest mi zimno.

Inna pojawiła się bez ostrzeżenia. Próbowała jeszcze zmienić kierunek wiatru, szukać dziury w całym, powiedzieć „nie, to przecież niemożliwe". Ale wiedziała dobrze, że było już za późno.

– Muszę się przebrać – powiedziałam.

– Zaczekam na ciebie na dole.

Wstałam z łóżka, odpędziłam Inną z moich myśli, na powrót otworzyłam szeroko okno i wpuściłam do pokoju słońce, w którego świetle tonęło wszystko wokół – stoki gór pokryte śniegiem, ziemia zasłana suchymi liśćmi, rzeka, której nie mogłam dojrzeć, choć dochodził mnie jej monotonny szum.

Słońce muskało delikatnie moje piersi, rozświetlało moje nagie ciało i nie czułam już chłodu, gdyż rozpalało mnie ciepło – ciepło małej iskierki, która zamieniła się w płomień, płomień, który przeistoczył się w stos, i stos, który stał się pożarem, niemożliwym już do ugaszenia. Wiedziałam o tym dobrze.

I pragnęłam tego.

Wiedziałam, że od tej chwili przyjdzie mi poznać niebo i piekło, radość i ból, spełnienie marzeń i rozpacz. Wiedziałam, że nie potrafię już dłużej poskromić wichrów szalejących po ukrytych zakamarkach mojej duszy. Wiedziałam, że począwszy od tego poranka miłość stanie się moim przewodnikiem, tym samym, który prowadził mnie od dzieciństwa, od chwili, kiedy ujrzałam go po raz pierwszy. Bo przecież nigdy nie wymazałam go z pamięci – choć wielokrotnie sądziłam, że nie jestem godna, by o niego walczyć. Była to miłość trudna, pełna granic, których za nic w świecie nie śmiałam przekroczyć.

Przypomniałam sobie tamten plac w Sorii i dzień, kiedy poprosiłam go, aby odszukał medalik, który właśnie zgubiłam. Wiedziałam dobrze, co usiłował mi wtedy powiedzieć, ale nie chciałam tego usłyszeć. Gdyż był taki jak ci wszyscy chłopcy, którzy pewnego pięknego dnia wyjeżdżają daleko w poszukiwaniu pieniędzy, przygód czy marzeń. Ale potrzebowałam miłości niemożliwej do spełnienia, bo zarówno moje serce, jak i moje ciało były jeszcze wtedy całkiem dziewicze i wierzyłam głęboko, że i mnie wyruszył na spotkanie jakiś książę z bajki.

W tamtych czasach miałam nikłe pojęcie o miłości. Kiedy po latach zobaczyłam go na wykładzie i przyjęłam jego zaproszenie, byłam święcie przekonana, iż dojrzała kobieta potrafi bez trudu zapanować nad sercem dziewczynki, która wierzyła w przybycie księcia z bajki. A kiedy zaczął opowiadać o dziecku, które zawsze w sobie nosimy, to znowu usłyszałam głos małej dziewczynki, którą niegdyś byłam, pięknej księżniczki, która bała się kochać i przegrać.

Od czterech dni usiłowałam zlekceważyć głos płynący z mojego serca, lecz on stawał się coraz bardziej donośny, ku wielkiej rozpaczy Innej. W najdalszych zakamarkach mojej duszy wciąż istniałam i wciąż wierzyłam w marzenia. Zanim Inna zdążyła cokolwiek powiedzieć, ja zgodziłam się już na podróż, zgodziłam się podjąć ryzyko.

I właśnie z tego powodu, z powodu maleńkiej cząsteczki mnie samej, która jeszcze żyła – Miłość znowu mnie odnalazła gdzieś na końcu świata. Miłość znowu mnie odnalazła, choć Inna wzniosła potężną barykadę z uprzedzeń, dogmatów i sterty podręczników na spokojnej uliczce Saragossy.

Otworzyłam okno i otworzyłam moje serce. Słońce zalało cały pokój, a miłość zalała moją duszę.

Wyszliśmy na przechadzkę bez śniadania. Zjedliśmy coś dopiero w maleńkim miasteczku, którego nazwy już nigdy nie poznam. Pamiętam tylko, że stała tam fontanna, a w niej rzeźba węża i gołębicy splecionych tak mocno, że stanowiły jakby jedno stworzenie.

Uśmiechnął się na ten widok:

– To znak. Męskość i kobiecość złączona w jednej postaci.

– Nigdy wcześniej nie zastanawiałam się nad tym, o czym opowiadałeś wczoraj. Niemniej wszystko to tworzy jedną, logiczną całość – przyznałam.

– I Bóg stworzył kobietę i mężczyznę – powiedział, cytując zdanie z Księgi Rodzaju. – Stworzył ich na swój obraz i podobieństwo.

Zauważyłam, że jego oczy nabrały blasku. Był szczęśliwy i śmiał się z każdego, nawet drobnego głupstwa. Rozmawiał z każdym, kogo z rzadka napotykaliśmy, z wieśniakami ubranymi na szaro i alpinistami w kolorowych strojach, szykującymi się do zdobycia kolejnego szczytu.

Ja natomiast nie mówiłam nic, gdyż mój francuski był żałosny, ale moja dusza radowała się, widząc przyjaciela w tak dobrym nastroju.

Było w nim tyle radości, że zarażał nią wszystkich, którzy z nim rozmawiali. Być może jego serce podpowiedziało mu coś i wiedział już teraz, że go kocham, choć ciągle zachowywałam się niczym dobra przyjaciółka z dzieciństwa.

– Wydajesz się pokrzepiony na duchu – rzekłam w pewnej chwili.

– Tak, bo zawsze marzyłem, aby być tu z tobą, łazić po górach i zbierać złociste owoce słońca.

„Złociste owoce słońca". Ktoś dawno temu napisał te słowa, a on powtarzał je właśnie teraz, w najlepszej chwili.

– Istnieje jeszcze inny powód twej radości.

– A jaki?

– Wiesz dobrze, że i mnie wypełnia radość. Tylko tobie zawdzięczam, że tu dziś jestem, że wspinam się po prawdziwych górach, z dala od sterty książek i zapisanych zeszytów. Sprawiasz, że czuję się szczęśliwa. A szczęście pomnaża się, kiedy się je dzieli.

– Wykonałaś ćwiczenie Innego?

– Tak. A skąd wiesz?

– Ty również się zmieniłaś, bo to ćwiczenie przychodzi zawsze w porę.

Inna włóczyła się za mną jak cień przez cały poranek. Wielokrotnie próbowała się do mnie zbliżyć, jednak z każdą chwilą jej głos stawał się coraz słabszy, a jej obraz zacierał. Przyszły mi na myśl końcowe sceny filmów o wampirach, kiedy potwory z wolna obracają się w pył.

Przeszliśmy obok figury Najświętszej Marii Panny.

– O czym myślisz? – zapytał.

– O wampirach, o władcach nocy, zamkniętych w sobie, rozpaczliwie szukających przyjaciół, lecz niezdolnych do miłości. Legenda głosi, że jeden jedyny palik wbity w serce wampira wystarcza, by pozbawić go życia. Wtedy serce budzi się do życia i uwalnia energię miłości, która pokonuje zło.

– Nigdy przedtem o tym nie myślałem. Ale to całkiem logiczne.

Udało mi się wbić ten palik. Zaś serce, uwolnione od klątwy, stało się absolutnym władcą mojego życia. Już nie było we mnie miejsca dla Innej.

Setki razy miałam przemożną ochotę, by dotknąć jego dłoni i setki razy zabrakło mi śmiałości. Byłam zakłopotana. Pragnęłam powiedzieć mu, że go kocham, ale nie miałam pojęcia, od czego zacząć.

Rozmawialiśmy o górach, o rzekach, niemal godzinę kluczyliśmy po lesie, aż w końcu udało nam się odnaleźć właściwą drogę. Zjedliśmy kanapki, popijając je roztopionym śniegiem. A kiedy słońce zaczęło się kryć za szczytami gór, postanowiliśmy ruszyć w drogę powrotną do Saint-Savin.

Odgłosy naszych kroków odbijały się echem od kamiennych murów kościoła. Instynktownie zanurzyłam dłoń w kropielnicy i przeżegnałam się. Przypomniałam sobie wtedy jego słowa: „Woda jest symbolem Bogini".

– Wejdźmy dalej – rzekł.

Chodziliśmy po pustym, mrocznym kościele, gdzie pod głównym ołtarzem spoczywały szczątki świętego Sawina – jedenastowiecznego pustelnika. Mury tej świątyni były już wielokrotnie burzone, ale za każdym razem wznoszono je na nowo.

Istnieją miejsca podobne do siebie – mogą je wyniszczyć wojny, prześladowania czy obojętność, jednak ciągle pozostają święte. Albowiem zawsze przechodzi ktoś obok, czuje ich brak i postanawia je odbudować.

Moją uwagę przykuła postać Chrystusa na krzyżu. Miałam nieprzeparte wrażenie, że jego oczy wodzą za mną krok w krok.

– Zatrzymajmy się tu na chwilę.

Staliśmy właśnie przed ołtarzem Matki Boskiej.

– Spójrz na Jej postać – powiedział.

Rzeźba przedstawiała Marię z Dzieciątkiem w ramionach, a ręka małego Jezusa wyciągnięta była do nieba.

Podzieliłam się z nim moimi wrażeniami.

– Przyjrzyj się dokładniej – nalegał.

Za wszelką cenę starałam się wyłowić wszystkie, nawet najdrobniejsze detale drewnianej figury: bogate złocenia, cokół oraz fałdy szat, które tak misternie wyrzeźbił artysta. Ale dopiero kiedy mój wzrok zatrzymał się na palcu Jezusa, zrozumiałam, co miał na myśli mój przyjaciel. Na pierwszy rzut oka to Maria trzymała na rękach maleńkiego Jezusa, ale tak naprawdę to On Ją unosił. Wzniesiona ręka dziecka wydawała się unosić Matkę aż do nieba, na powrót do siedziby Jej Małżonka.

– Artysta, który ponad sześć wieków temu stworzył to dzieło, dobrze wiedział, co czyni – rzekł mój przyjaciel.

Dobiegło nas echo zbliżających się kroków. Jakaś kobieta weszła do kościoła i zapaliła świecę przed głównym ołtarzem. Zamilkliśmy, by uszanować jej modlitwę.

"Miłość nigdy nie przychodzi po trochu – pomyślałam sobie, patrząc na niego, pogrążonego w kontemplacji Madonny. – Jeszcze wczoraj świat miał jakiś sens, mimo iż jego w nim nie było. Dzisiaj potrzebowałam go u swego boku, by dojrzeć prawdziwą istotę rzeczy".

Kiedy kobieta odeszła, powrócił do przerwanej rozmowy.

– Ten artysta musiał dobrze znać Wielką Matkę, Boginię, miłosierne oblicze Boga. Kiedyś zadałaś mi pytanie, na które dotąd nie udało mi się dać wyczerpującej odpowiedzi. Zapytałaś mnie: „Gdzie nauczyłeś się tego wszystkiego?"

Rzeczywiście, zadałam mu to pytanie, ale on już dawno na nie odpowiedział. Postanowiłam jednak nic nie mówić.

– Otóż całą swą wiedzę czerpię od tego właśnie artysty. To dzięki niemu przyjąłem miłość płynącą z samego nieba i pozwoliłem się jej prowadzić. Na pewno przypominasz sobie ten list, w którym pisałem ci, że zamierzam wstąpić do seminarium. Nigdy dotąd o tym ci nie mówiłem, niemniej rzeczywiście tam wstąpiłem.

Natychmiast pomyślałam o rozmowie przed wykładem. Moje serce zaczęło bić szybciej, starałam się za wszelką cenę skupić wzrok na wizerunku Świętej Pani. Uśmiechała się.

"To niemożliwe – myślałam gorączkowo. – Jeśli tam wstąpił, na pewno już odszedł. Błagam, powiedz mi, że porzuciłeś seminarium!".

– Przeżyłem moje młodzieńcze lata dość intensywnie – ciągnął dalej, nie bacząc na to, co mogłam czuć. – Poznałem wielu ludzi, widziałem inne pejzaże. Szukałem Boga w najdalszych zakątkach świata. Kochałem inne kobiety, miałem wielu chlebodawców, imałem się najróżniejszych zajęć.

Znowu poczułam ukłucie w sercu. „Muszę się mieć na baczności, by Inna nie powróciła" – powtarzałam sobie, wpatrując się uporczywie w uśmiechniętą twarz Matki Boskiej.

– Zawsze fascynowała mnie tajemnica życia – mówił. – I pragnąłem ją zgłębić. Bez wahania ruszałem w drogę, jeśli tylko doszły mnie słuchy, że istnieje ktoś, kto wie coś na ten temat. Byłem w Indiach i w Egipcie. Poznałem mistrzów magii i medytacji. Obcowałem z alchemikami i kapłanami. I w końcu odkryłem to, czego od dawna poszukiwałem: prawda jest zawsze tam, gdzie istnieje wiara.

Ponownie rozejrzałam się wokół siebie. Widziałam kościół, wysłużone kamienie, tylekroć niszczone i kładzione wciąż na nowo. Co skłoniło człowieka, by pracował bez wytchnienia przy odbudowie tej maleńkiej świątyni, w miejscu oddalonym od świata, w załomku wysokich gór?

Wiara.

– Buddyści mieli rację, Hindusi mieli rację, Indianie mieli rację, muzułmanie mieli rację, żydzi mieli rację. Ilekroć człowiek z czystym sercem podąży drogą wiary, zawsze uda mu się połączyć z Bogiem i czynić cuda. Ale sama wiedza nie wystarcza, trzeba jeszcze dokonać wyboru. Ja wybrałem Kościół katolicki, gdyż w jego duchu mnie wychowano i całe moje dzieciństwo przesycone było jego tajemnicami. Gdybym urodził się Żydem, wybrałbym judaizm. Ale Bóg jest jeden, choć ma tysiące imion. Trzeba jednak wybrać jedno z nich, by móc Go przywołać.

Znowu usłyszeliśmy czyjeś kroki.

Zbliżył się jakiś mężczyzna i przyglądał się nam przez chwilę. W końcu podszedł do głównego ołtarza i zaczął zbierać świeczniki.

Przypomniał mi się stróż sprzed kaplicy, który nie chciał nas wpuścić do środka. Jednak ten człowiek nie powiedział ani słowa.

– Dziś wieczorem mam umówione spotkanie – oznajmił mój przyjaciel, kiedy za kościelnym zamknęły się drzwi.

– Proszę, nie zmieniaj tematu i dokończ to, o czym zacząłeś mówić.

– Wstąpiłem więc do seminarium, niedaleko stąd. Przez bite cztery lata uczyłem się tam najpilniej jak umiałem. W tym czasie nawiązałem kontakty z ludźmi oświeconymi, z charyzmatykami, poznałem rozliczne prądy religijne, które starały się otworzyć od dawna zamknięte wrota. Odkryłem, że Bóg wcale nie był tym surowym Ojcem, którego tak się bałem w dzieciństwie. Już wtedy widoczna była chęć powrotu do pierwotnej prostoty chrześcijaństwa.

– W końcu po dwóch tysiącach lat zrozumiano, że Jezus stanowi część Kościoła – zauważyłam, nie kryjąc ironii.

– Możesz sobie stroić żarty, ale tak dokładnie jest. Zacząłem pobierać nauki u przeora klasztoru. To on uzmysłowił mi wagę przyjęcia ognia Objawienia, ognia Ducha Świętego.

W miarę jego słów moje serce biło coraz gwałtowniej. Najświętsza Panna uśmiechała się tylko łagodnie, a maleńki Jezus wydawał się promieniować radością. I ja kiedyś głęboko wierzyłam, tyle że wiek i przekonanie, że jestem kimś do cna logicznym i praktycznym – sprawiły, że z czasem odsunęłam się od religii. Rozmyślałam o tym, jak bardzo pragnęłabym odzyskać tamtą dziecięcą wiarę, która towarzyszyła mi przez długie lata i pozwalała wierzyć w cuda i anioły. Jednak nie sposób było powrócić do niej tylko za sprawą woli.

– Przeor zwykł mawiać: „Jeśli wierzysz, to w końcu będziesz wiedział". Zamknięty w celi mówiłem sam do siebie. Modliłem się żarliwie, by spłynął na mnie Duch Święty i nauczył mnie tego, co było mi tak potrzebne. Z biegiem czasu odkryłem, że w miarę jak rozmawiam sam ze sobą, jakiś głos mądrzejszy ode mnie zaczyna przemawiać przez moje usta.

– I mnie się to zdarza – przerwałam mu.

Czekał, aż dokończę zdanie, ale nie byłam w stanie nic już dodać.

– Mów dalej, proszę.

Nie mogłam wydusić z siebie słowa. Był zbyt dobrym mówcą i nie potrafiłam znaleźć odpowiednich słów, by mu dorównać.

– Inna próbuje wrócić – rzekł, jakby czytał w moich myślach. – A Inna boi się, że palnie jakieś głupstwo.

– Tak – wydusiłam w końcu z siebie, robiąc wszystko, co w mojej mocy, by przezwyciężyć lęk. – Często, kiedy z kimś dyskutuję i porywa mnie temat, zdarza mi się mówić rzeczy, o których nigdy wcześniej nie myślałam. Trochę tak, jakby przepływała przeze mnie jakaś inna inteligencja, która wie o życiu o wiele więcej niż ja sama. Ale to się rzadko zdarza. Zazwyczaj wolę przysłuchiwać się dyskusji innych. Wierzę, że uczę się wtedy czegoś nowego, mimo że i tak wszystko zapominam.

– Jesteśmy sami dla siebie największą niespodzianką – odezwał się. – A wiara wielkości ziarenka gorczycy jest w stanie przenieść te góry w oddali. Właśnie tego się nauczyłem. I dzisiaj nie mogę wyjść z podziwu dla własnych słów. Apostołowie byli przecież nieokrzesanymi, prostymi rybakami, a jednak każdy z nich potrafił przyjąć ten płomień, który spłynął z Nieba. I żaden nie wstydził się własnej niewiedzy, bo wierzył mocno w Ducha Świętego. Ten dar dany jest każdemu, kto pragnie go przyjąć. Wystarczy tylko uwierzyć, zaakceptować i nie wstydzić się popełnienia paru błędów.

Matka Boska promieniała uśmiechem, a przecież miała wiele powodów do płaczu. Jednak zachowała uśmiech.

– Opowiadaj dalej – poprosiłam.

– I to wszystko – odrzekł. – Po prostu przyjąć dar, a wtedy on da o sobie znać.

– Ale to wcale nie tak się dzieje.

– Czyżbyś mnie nie rozumiała?

– Oczywiście, że rozumiem. Ale jestem taka jak inni i boję się. Myślę, że sprawdza się to w twoim przypadku czy mojego sąsiada, ale nigdy w moim.

– Pewnego dnia to się odmieni. Wtedy, kiedy zrozumiesz, że wszyscy jesteśmy jak to dziecko, które nam się teraz przygląda.

– Tak, ale do tego czasu będzie nam się tylko wydawać, że dotarliśmy już do światłości, choć tak naprawdę nie zdołamy wzniecić naszego wewnętrznego płomienia.

Nic nie powiedział.

– Nie dokończyłeś swojej historii o seminarium – przypomniałam po chwili.

– Dalej w nim jestem.

I nim zdążyłam zareagować, wstał i poszedł w stronę prezbiterium.

Nawet nie drgnęłam. Wszystko wirowało w mojej głowie. Nie rozumiałam nic z tego, co się działo. Był ciągle w seminarium!

Lepiej o tym nie myśleć. Tama była zerwana, miłość zalewała moją duszę i już nie mogłam nad tym zapanować. Istniało jeszcze jedno wyjście. Inna. Ta, która była okrutna ze słabości, oziębła ze strachu – ale nie chciałam mieć z nią nic wspólnego. Nie mogłam już dłużej patrzeć na świat jej oczami.

Jakiś nagły dźwięk przerwał moje rozmyślania. Był to dźwięk przenikliwy, długi, jakby wydobywał się z gigantycznego fletu. Zamarłam z wrażenia.

Po nim pojawił się inny dźwięk. A potem jeszcze inny. Spojrzałam za siebie i ujrzałam drewniane schody wiodące do grubo ciosanego chóru, który zakłócał harmonię gładkiej prostoty kamienia. Stały tam stare organy.

On był właśnie tam. Nie mogłam dojrzeć jego twarzy, gdyż panował tam całkowity mrok, jednak wiedziałam, że tam był.

Wstałam ale powstrzymał mnie.

– Pilar! – w jego głosie wyczułam wzruszenie. – Zostań tam, gdzie jesteś.

Posłuchałam.

– Niechaj Wielka Matka da mi natchnienie – mówił dalej. – Niechaj ta muzyka stanie się moją dzisiejszą modlitwą.

Zaczął grać na organach *Ave Maria*. Była może szósta po południu, godzina dzwonów na Anioł Pański, godzina, w której światło jednoczy się z ciemnością. Dźwięki organów rozbrzmiewały w pustym kościele, odbijały się od kamiennych murów i posągów przesyconych historią i żarliwą wiarą. Zamknęłam oczy i pozwoliłam, aby muzyka przeszyła mnie na wskroś, oczyściła moją duszę z lęku i poczucia winy, żeby przypomniała mi, że jestem lepsza niż mi się wydaje, silniejsza niż mogę sobie wyobrazić.

Poczułam przemożną potrzebę modlitwy. Działo się to po raz pierwszy, odkąd zeszłam z drogi wiary. I oto siedziałam na ławce, a moja dusza klęczała u stóp Matki Boskiej stojącej teraz przede mną. Moja dusza klęczała u stóp kobiety, która powiedziała „tak", kiedy mogła powiedzieć „nie", a wtedy anioł szukałby innej, i w oczach Pana nie byłoby to grzechem, gdyż On zna na wskroś słabości własnych dzieci. Ale Ona rzekła

niech się stanie wola Twoja

czując doskonale, że wraz ze słowami anioła otrzymywała cały ból i wszystkie cierpienia własnego losu. A oczami serca mogła już dojrzeć ukochanego Syna opuszczającego dom rodzinny, ludzi, którzy wiernie podążali za Nim i wyparli się Go na koniec, ale

niech się stanie wola Twoja

nawet kiedy w najbardziej świętej chwili w życiu kobiety musiała udać się do stajni pełnej zwierząt, by powić dziecię, gdyż tak było zapisane

niech się stanie wola Twoja

nawet kiedy trapiona lękami poszukiwała swego Syna na ulicach i znalazła Go w świątyni, a On odrzekł, by Go nie nękać więcej, gdyż musi spełnić inne zadania i inne posłannictwo

niech się stanie wola Twoja

nawet wiedząc, że będzie Go poszukiwać do końca dni swoich, z sercem przeszytym ostrzem bólu, przepełnionym lękiem o Jego życie, wiedząc, iż będzie ścigany i w niebezpieczeństwie

niech się stanie wola Twoja

nawet kiedy spotkała Go w tłumie i nie mogła się do Niego zbliżyć *niech się stanie wola Twoja*

nawet wtedy, kiedy przekazała Mu przez kogoś, że czeka na dworze, a własny Syn kazał jej powiedzieć: „Moja matka i moi bracia to ci, którzy są tutaj ze mną"

niech się stanie wola Twoja

nawet wtedy, kiedy na koniec wszyscy uciekli i Ona sama, jeszcze inna kobieta i jedyny z Jego uczniów trwali u stóp krzyża, znosząc cierpliwie szyderstwa wrogów i tchórzostwo przyjaciół

niech się stanie wola Twoja.

Niech się dzieje wola Twoja, Panie. Bo znasz słabość duszy Twych dzieci i nakładasz na każdego jedynie taki ciężar, jaki jest zdolny udźwignąć. Błagam Cię, byś chociaż Ty zrozumiał moją miłość, bo to jedyna rzecz, którą naprawdę posiadam, jedyna rzecz, którą będę mogła zabrać ze sobą do innego świata. I spraw, by moja miłość pozostała odważna i czysta, wiecznie żywa, pomimo wszystkich otchłani i pułapek tego świata.

Organy zamilkły, a słońce skryło się za wierzchołkami gór, tak jakby i jedno, i drugie sterowane było tą samą Ręką. Jego prośba została wysłuchana i muzyka stała się jego modlitwą. Otworzyłam oczy, kościół tonął w całkowitej ciemności, jedynie nikłe światełko samotnej świecy rozjaśniało wizerunek Najświętszej Panny.

Wsłuchiwałam się w rytm jego kroków, kiedy wracał do mnie. Światełko tej jedynej świecy rozjaśniało moje łzy i mój uśmiech, który – choć nie był tak promienny jak uśmiech Madonny – świadczył o tym, że moje serce było ciągle żywe.

Patrzył na mnie i ja patrzyłam na niego. Moja dłoń szukała jego dłoni i w końcu ją odnalazła. Poczułam, że jego serce zaczęło bić szybciej. Mogłam je niemal usłyszeć, gdyż wokół nas zapadła głęboka cisza.

Moja dusza była spokojna i serce ukojone.

Ujęłam jego dłoń w swoją. Objął mnie ramieniem i znieruchomieliśmy oboje u stóp Najświętszej Marii Panny, nie wiem nawet na jak długo, gdyż czas się zatrzymał.

Ona również przyglądała się nam. Młoda wieśniaczka, która powiedziała „tak" swojemu przeznaczeniu. Kobieta, która zgodziła się przyjąć do swego łona Syna Bożego i nieść w sercu miłość Bogini. Ona jedna potrafiła wszystko zrozumieć.

Nie potrzebowałam o nic pytać. Wystarczyły chwile spędzone tego wieczoru w kościele, by nadać cały sens tej podróży. Wystarczyły cztery dni spędzone z nim, by odkupić cały długi rok, podczas którego nic się nie wydarzyło.

Dlatego o nic więcej nie chciałam pytać. Opuściliśmy kościół, trzymając się za ręce, i poszliśmy do domu. Moje myśli zmieniały się tak szybko jak obrazy w kalejdoskopie – seminarium, Wielka Matka, spotkanie, na które wybierał się tej nocy...

I wtedy zdałam sobie sprawę, że oboje pragnęliśmy złączyć nasze dusze w jeden los, ale na naszej drodze stało seminarium we Francji, stała Saragossa. Moje serce ścisnęło się w piersi. Spojrzałam w zadumie na średniowieczne kamienice, na studnię, przy której spędziliśmy wczorajszą noc. Przypomniałam sobie ciszę między nami oraz smutny obraz tej Innej kobiety, którą niegdyś byłam.

"Dobry Boże, próbuję z całych sił odzyskać utraconą wiarę. Nie porzucaj mnie w połowie drogi" – błagałam, odpędzając od siebie czające się lęki.

On trochę się zdrzemnął, a ja znowu nie spałam, wpatrując się uporczywie w mroczny rysunek okna. Po krótkim odpoczynku zjedliśmy kolację z gospodarzami domu, którzy nie mieli zwyczaju rozmawiać przy stole. Mój przyjaciel poprosił ich o klucz do drzwi wejściowych.

– Wrócimy późno – rzekł do gospodyni.

– Jesteście młodzi i musicie się wyszaleć – odrzekła. – Powinniście jak najlepiej wykorzystać krótkie wakacje.

– Muszę ci zadać jedno pytanie – odezwałam się, kiedy wsiadaliśmy do samochodu. – Staram się go uniknąć, ale nie udaje mi się.

– Seminarium, prawda?

– No właśnie. Nic z tego nie rozumiem.

"Choć może nie warto starać się, by cokolwiek zrozumieć?" – pomyślałam.

– Zawsze cię kochałem. I choć miałem wiele kobiet, to kochałem właśnie ciebie. Nosiłem przy sobie twój medalik w nadziei, że nadejdzie taki dzień, kiedy będę ci go mógł oddać i znajdę w sobie dość odwagi, by ci powiedzieć po prostu „Kocham cię". Wszystkie drogi tego świata wiodły mnie nieodmiennie do ciebie. Pisałem listy i z obawą otwierałem te od ciebie, gdyż w jednym z nich mogłaś napisać, że spotkałaś kogoś. Właśnie wówczas usłyszałem wezwanie do życia duchownego. A dokładniej mówiąc, podążyłem wtedy za tym powołaniem, gdyż – tak jak ty – istniało we mnie od samego dzieciństwa. Odkryłem, że Bóg był zbyt ważny w moim życiu, i nie będę szczęśliwy, dopóki nie spełnię swojej misji. Twarz każdego biedaka, którego napotykałem na świecie, była twarzą Chrystusa – i nie potrafiłem przejść obok niej obojętnie.

Zamilkł – i wolałam nie nalegać. Dwadzieścia minut później zatrzymał samochód, wysiedliśmy.

– Jesteśmy w Lourdes – oznajmił. – Koniecznie powinnaś kiedyś zobaczyć to miejsce latem.

Ujrzałam jedynie wyludnione ulice, nieczynne sklepy, hotele z zatrzaśniętymi okiennicami i opuszczoną stalową kratą w wejściu.

– Sześć milionów ludzi przybywa tu każdego lata – ciągnął dalej wzruszony.

– Dla mnie jest to miasto-widmo.

Przeszliśmy przez most. Przed nami wyłoniła się potężna spiżowa brama z posągami aniołów po bokach. Weszliśmy przez uchylone wrota.

– Dokończ to, o czym przed chwilą mówiłeś – poprosiłam, mimo że jeszcze parę minut wcześniej postanowiłam więcej nie nalegać. – Opowiedz mi coś więcej o obliczu Chrystusa.

Poczułam, że nie miał najmniejszej ochoty przedłużać tej rozmowy. Może nie była po temu pora ani miejsce. Ale skoro już zaczął, trzeba było wyjaśnić sprawy do końca.

Szliśmy aleją, wzdłuż trawników pokrytych śniegiem. W dali dostrzegłam strzelisty zarys jakiegoś kościoła.

– Proszę, mów dalej – powtórzyłam raz jeszcze.

– Już przecież wszystko wiesz. Wstąpiłem do seminarium. Przez pierwszy rok prosiłem Boga, żeby pozwolił mi przekształcić moją miłość do ciebie w miłość do całego ludzkiego rodzaju. W drugim poczułem, że Bóg mnie wysłuchał. Trzeciego roku żal był jeszcze ciągle żywy, miałem jednak całkowitą pewność, że powoli ta miłość przerodzi się w miłosierdzie, modlitwę i pomoc potrzebującym.

– Po co więc znowu chciałeś mnie zobaczyć? Dlaczego na nowo zapaliłeś we mnie ten ogień? Po co opowiedziałeś mi o ćwiczeniu Innego i wykazałeś całą marność mojego dotychczasowego życia?

Drżącym głosem wyrzucałam z siebie bezładne słowa. Z minuty na minutę widziałam go coraz bliżej klasztoru i coraz dalej ode mnie.

– Po co wróciłeś? Dlaczego mówisz mi to wszystko dopiero dzisiaj, kiedy musisz przecież wiedzieć, że zaczynam cię kochać?

Chwilę zwlekał z odpowiedzią.

– Na pewno pomyślisz, że to idiotyczne....

– Nic nie pomyślę. Dawno przestałam bać się własnej śmieszności. Zresztą ty sam mnie tego nauczyłeś.

– Jakieś dwa miesiące temu mój przełożony poprosił mnie, abym mu towarzyszył w podróży do domu pewnej kobiety, która w dniu śmierci zapisała cały swój majątek naszemu klasztorowi. Mieszkała w Saint-Savin i trzeba było przeprowadzić dokładny spis jej mienia.

Bazylika była coraz bliżej. Intuicja podpowiadała mi, że kiedy tylko dotrzemy do jej bram, nasza rozmowa się zakończy.

– Nie przerywaj – powiedziałam. – Mam przecież prawo do jakichś wyjaśnień.

– Dokładnie przypominam sobie chwilę, kiedy

po raz pierwszy przekroczyłem próg tego domu.
Okna wychodziły na szczyty Pirenejów, a promienie słońca podkreślone bielą śniegu rozświetlały
wszystko wokół. Zacząłem sporządzać listę przed-
miotów, ale po kilku chwilach musiałem przerwać
pracę. Zdałem sobie bowiem sprawę, że ta kobieta
miała dokładnie takie same upodobania jak ja. Posiadała płyty, które i ja bym kupił, z muzyką, której chętnie bym słuchał, wpatrując się w pejzaż za
oknem. Półki uginały się od książek – niektóre
z nich już czytałem, inne z przyjemnością bym kiedyś przeczytał. Przyglądałem się bacznie meblom,
obrazom, drobiazgom rozproszonym tu i ówdzie,
i było trochę tak, jakbym to ja sam je wybierał.

– Od tego dnia nieustannie myślałem o tym domu. Ilekroć udawałem się do kaplicy na modlitwę,
powtarzałem sobie, że moje wyrzeczenie się świata nie było całkowite. Wyobrażałem sobie nas oboje mieszkających w domu podobnym do tego, słu-
chających muzyki, zapatrzonych w ośnieżone
wierzchołki gór czy ogień w kominku. Wyobrażałem sobie nasze dzieci, uganiające się po wszystkich kątach i bawiące się po okolicznych wsiach.

Nigdy nie widziałam na oczy tego domu, ale
bez trudu wyobraziłam sobie, jak mógł wyglądać
w środku. I zapragnęłam, żeby nie mówił już nic
więcej i żeby pozwolił mi marzyć.

On jednak mówił dalej :

– Jakieś dwa tygodnie temu poczułem, że nie jestem w stanie dłużej znieść dotkliwego smutku,
który zagnieździł się w mojej duszy. Udałem się do
przeora. Opowiedziałem mu całą historię mojej
miłości do ciebie i o tym, co czułem, kiedy pojechałem z nim spisać inwentarz w tamtym domu.

Zaczął padać drobny deszcz. Spuściłam głowę i otuliłam się szczelniej kurtką. Bałam się usłyszeć dalszy ciąg historii.

– Wtedy ojciec przełożony rzekł mi: „Istnieje wiele sposobów, by służyć Bogu. Jeśli rzeczywiście sądzisz, że takie jest twoje powołanie, ruszaj mu bez wahania na spotkanie. Bowiem jedynie człowiek szczęśliwy może promieniować szczęściem wokół".

"Nie mam pojęcia, czy takie jest właśnie moje powołanie – odparłem mu. – Bo przecież odnalazłem spokój ducha, kiedy wstąpiłem do klasztoru".

"A więc idź i rozwiej resztki wątpliwości – powiedział. – I albo wracaj do świata, albo do seminarium. Ale pamiętaj o jednym – musisz być całym sercem tam, gdzie postanowisz zostać. Jak rozdarte królestwo nie potrafi odeprzeć ataków wroga, tak i rozdarty człowiek nie może życiu stawić godnie czoła".

Zanurzył rękę w kieszeni i wyciągnął stamtąd przedmiot, który mi podał. Był to klucz.

– Przeor pożyczył mi klucz do tego domu. Postanowił wstrzymać się trochę ze sprzedażą mienia. Wiem, że pragnął, abym wrócił tam z tobą. To on zorganizował ten wykład w Madrycie, abyśmy mogli spotkać się znowu.

Oglądałam klucz w jego dłoni i uśmiechałam się lekko. Jednak w najgłębszych zakamarkach mojej duszy zaczęły nagle bić dzwony i otworło się nade mną całe niebo. Będzie służył Bogu w inny sposób. U mego boku. Gdyż będę o to walczyć.

– Weź ten klucz – powiedział i wręczył mi go.

W tej samej chwili stanęliśmy przed bazyliką. Zanim zdążyłam otworzyć usta, by coś powiedzieć, już ktoś go spostrzegł i podszedł, by się przywitać.

Deszcz stawał się coraz gęstszy i nie miałam bladego pojęcia, jak długo przyjdzie nam tu zostać. Ani na chwilę nie opuszczała mnie świadomość, że nie mam żadnych ubrań na zmianę i nie mogę przemoknąć do suchej nitki.

Starałam się skupić na tej myśli i odpędzić wspomnienie tego domu, spraw zawieszonych między niebem i ziemią, czyhających na dotyk ręki Opatrzności.

Zawołał mnie i przedstawił kilku osobom. Zapytali nas, gdzie się zatrzymaliśmy, a kiedy wspomniał o Saint-Savin, ktoś powiedział, że został tam pochowany jakiś pustelnik. Podobno to właśnie on wykopał studnię, która znajduje się na rynku. Początkowo zamierzano wybudować tam schronisko dla duchownych, którzy porzucali życie w mieście i wyruszali w góry na poszukiwanie Boga.

– Ciągle zresztą tam są – dodał ktoś inny.

Nie wiedziałam na ile ta historia była prawdziwa, ani kim byli ci, którzy „ciągle tam są".

Bez przerwy przybywali nowi ludzie i w końcu cała grupa skierowała kroki w stronę wejścia do groty. Jakiś starszy mężczyzna próbował coś do mnie powiedzieć po francusku. Widząc jednak, że zrozumienie go przychodziło mi z trudnością, przeszedł na łamany hiszpański :

– Jest pani tutaj z niezwykłą osobą. Ten człowiek czyni cuda.

Nic nie odrzekłam, ale przypomniała mi się ta noc w Bilbao i ten zrozpaczony mężczyzna, który dogonił nas na ulicy. Nawet nie powiedział mi wtedy, dokąd poszedł, zresztą niewiele mnie to jeszcze obchodziło. Moje myśli krążyły uporczywie wokół domu. Dokładnie widziałam, jak wyglądał, jak był urządzony, jaki widok rozpościerał się z jego okien, znałam książki i płyty, które stały na półkach.

Gdzieś na świecie istniał dom, który wcześniej czy później oczekiwał naszego przybycia. Dom, gdzie będę wyglądać powrotu ze szkoły dwójki dzieci, dziewczynki i chłopczyka, którzy wniosą do niego radość i nieporządek.

Nasza grupa posuwała się powoli w strugach deszczu aż do miejsca cudownych objawień. Było tam dokładnie tak, jak sobie wyobrażałam. Grota, figura Matki Boskiej i fontanna za szybą w miejscu, gdzie wytrysnęła niegdyś woda. Nie opodal kilku pielgrzymów modliło się żarliwie, inni siedzieli bez słowa z przymkniętymi powiekami.

Obok groty przepływała jakaś rzeka i szum jej

wody ukoił mnie. Na widok Madonny zmówiłam krótką modlitwę. Poprosiłam Świętą Pannę o pomoc, gdyż moje serce nie miało już sił, by więcej cierpieć.

"Jeśli ból musi nadejść, niech przyjdzie szybko – prosiłam. – Mam jeszcze całe życie przed sobą i muszę z niego zrobić najlepszy użytek. Jeśli on musi wybierać, niech tego wyboru rychło dokona. A wtedy na niego poczekam. Albo o nim zapomnę. Czekanie sprawia ból. Zapomnienie sprawia ból. Lecz nie móc podjąć żadnej decyzji jest najdotkliwszym cierpieniem".

W głębi serca czułam, że moje słowa były posłyszane.

środa
8 grudnia 1993

Kiedy na kościelnym zegarze wybiła północ, zgromadzenie wokół nas stało się liczniejsze. Było nas bez mała sto osób, w tym kilku duchownych i zakonnic. Wszyscy staliśmy nieruchomo na deszczu, ze wzrokiem utkwionym w figurze Matki Boskiej.

– Pani Nasza Niepokalanego Poczęcia, składam ci hołd – rzekł ktoś obok mnie, gdy tylko ustało bicie zegara.

– Składamy ci hołd – zawtórowali mu inni.

Zerwała się burza oklasków. Wówczas pojawił się strażnik z prośbą, byśmy unikali hałasu, bowiem zakłócamy modlitwę innym pielgrzymom.

– Przybyliśmy z daleka – wyrwał się ktoś z tłumu.

– Oni również – odrzekł spokojnie strażnik, wskazując na wiernych modlących się na deszczu. – A przecież modlą się po cichu.

Pragnęłam z całych sił, by strażnik położył kres

całemu temu zbiegowisku. Chciałam być tylko z nim, daleko stąd i trzymając jego dłonie w swoich, opowiadać mu o moich uczuciach. Mieliśmy przecież rozmawiać o tym domu, o dalszych planach, o miłości. Wzbierała we mnie coraz silniejsza potrzeba, by dodać mu otuchy, okazać więcej czułości, obiecać, że nie będę szczędzić starań, by mógł spełnić swoje marzenia.

Jednak strażnik odszedł, a jeden z kapłanów zaczął cichym głosem odmawiać różaniec. Gdy w końcu przyszło do wyznania wiary, które wieńczyło ciąg modlitw, wszyscy zamilkli i trwali nieruchomo z zamkniętymi oczyma.

– Kim są ci ludzie? – spytałam.

– To charyzmatycy.

Znałam to słowo, ale prawdę powiedziawszy nie wiedziałam, co ono oznacza. Domyślił się tego od razu.

– To ci, którzy godzą się przyjąć płomień Ducha Świętego, płomień pozostawiony nam w spadku przez Chrystusa, od którego nieliczni rozpalili swój własny. Oni są blisko pierwotnej prawdy chrześcijaństwa, blisko czasów, kiedy każdy mógł czynić cuda. To istoty, które prowadzi promienna Jasna Pani – dorzucił, wskazując oczami postać Matki Boskiej.

Zebrani zaczęli cichutko śpiewać, jakby pod batutą jakiejś niewidzialnej ręki.

– Drżysz, pewnie jest ci zimno? Wiesz przecież, że wcale nie musisz w tym uczestniczyć – powiedział szeptem.

– A ty tu zostajesz?

– Zostaję, bo to jest moje życie.

– A zatem ja również chcę brać w tym udział –

odrzekłam, choć wolałabym być daleko stąd. – Jeśli tak właśnie wygląda twój świat, chcę stać się jego częścią.

Grupka osób nadal śpiewała. Przymknęłam oczy i próbowałam cokolwiek zrozumieć mimo słabości mojego francuskiego. Powtarzałam jedynie słowa, nie rozumiejąc absolutnie ich znaczenia. Dzięki temu czas płynął szybciej i już niedługo będziemy mogli powrócić do Saint-Savin, tylko my sami, we dwoje.

Śpiewałam zatem, aż ze zdumieniem spostrzegłam, że muzyka zawładnęła mną całkowicie, jakby była żywa i wprowadziła mnie w trans. Uczucie zimna gdzieś sobie poszło, przestałam się martwić o to, że pada deszcz, a ja nie mam ubrania na zmianę. Muzyka działała kojąco, wypełniała moją duszę radością, przenosiła w czasy, kiedy Bóg był blisko i wspomagał mnie w trudnych chwilach.

A kiedy byłam już o krok, by poddać się jej bez reszty, nagle ucichła.

Otworzyłam oczy. Jakiś zakonnik szeptał coś do ucha jednemu z księży, po czym oddalił się. Ksiądz zwrócił się do nas wszystkich:

– Chodźmy modlić się po drugiej stronie rzeki.

W milczeniu podążyliśmy za nim. Przeprawiliśmy się przez most położony na wprost groty i znaleźliśmy się na przeciwległym brzegu. To miejsce było jeszcze piękniejsze, okolone drzewami, łąką i wodą. Widzieliśmy stamtąd wyraźnie podświetloną figurę Matki Boskiej, a nasze głosy mogły płynąć swobodnie. Nie czuliśmy się już skrępowani, że przeszkadzamy innym w modlitwie. Ludzie zaczęli śpiewać głośniej, z uśmiechem podnosili twarze ku niebu, krople deszczu perliły się na ich policzkach. Ktoś wzniósł w górę ramiona, kołysząc się w takt muzyki, a w chwilę później wszyscy poszli w jego ślady.

Próbowałam za wszelką cenę poddać się ogólnemu nastrojowi, ale jednocześnie chciałam obserwować, co robią inni. Stojący obok mnie kapłan śpiewał po hiszpańsku, więc starałam się powtarzać jego słowa. Były to prośby kierowane do Ducha Świętego, do Matki Boskiej, by pozostali z nami i udzielili nam swej mocy i swego błogosławieństwa.

– Niechaj spłynie na nas dar języków – rzekł jeden z księży. To samo zdanie powtórzył po hiszpańsku, po włosku i po francusku.

Nie wiem, jak to się stało, ale nagle każdy z obecnych zaczął mówić językiem nie należącym do żadnego znanego mi idiomu. Był to bardziej harmider niż mowa, a słowa zdawały się nie znaczyć nic, choć wypływały z głębi duszy. Natychmiast przypomniałam sobie naszą rozmowę w kościele, kiedy mówił mi o Objawieniu, o tym, że cała mądrość polega na umiejętności wsłuchania się w siebie.

„Może to właśnie język aniołów?" – pomyślałam, naśladując innych i czując przy tym własną śmieszność.

Ludzie spoglądali w ekstazie na Madonnę po drugiej stronie potoku. Odszukałam go wzrokiem. Stał niedaleko. Jak inni wznosił ramiona do nieba i wymawiał pośpiesznie słowa, jakby właśnie z Nią rozmawiał. Uśmiechał się, kiwał głową, czasem wydawał się czymś zaskoczony.

„To jest właśnie jego świat" – pomyślałam.

Byłam przerażona. Człowiek, którego wybrałam, twierdził, że Bóg jest również kobietą, posługiwał się nieznanymi językami, wpadał w trans i żył za pan brat z aniołami. Domek w górach stał się naraz nierzeczywisty, jakby przynależał do świata, który on już dawno porzucił.

Ostatnie dni, począwszy od wykładu w Madrycie, wydały mi się snem, dziwną podróżą poza czasem i przestrzenią mojej egzystencji. Niemniej sen ten kusił mnie zapachem dalekiego świata, powieści i nowych przygód. Wiedziałam, że miłość łatwo rozpala serca kobiet. To tylko kwestia czasu – i pozwolę szaleć wichrom, a wodzie przerwać zaporę. Z początku broniłam się zawzięcie. Kochałam już przecież nieraz i ufałam, że potrafię stawić czoła podobnej sytuacji. A teraz wszystko wymykało się mojej kontroli. Nie była to religia, jakiej uczono mnie w szkole, i wcale nie tak wyobrażałam sobie mężczyznę mojego życia.

„Mężczyzna mojego życia... zabawne!" – wymamrotałam zaskoczona słowami, jakie mi przebiegły przez głowę.

Odczuwałam i strach, i zazdrość wobec tej rzeki i tamtej groty. Strach, gdyż wszystko to było dla mnie całkowicie nowe, a nowość zawsze napawała mnie lękiem. Zazdrość, ponieważ powoli zaczynałam rozumieć, że jego miłość była o wiele większa niż sądziłam, i sięgała obszarów, do których ja nigdy nie dotarłam.

– Wybacz mi, proszę, Święta Panno – rzekłam. – Wybacz mi moją marność, moją słabość i to, że pragnę zatrzymać tylko dla siebie miłość tego człowieka.

A jeśli jego prawdziwym powołaniem jest wyrzeczenie się świata, zamknięcie w klasztorze i obcowanie z aniołami? To po jakim czasie porzuci dom, ulubione płyty i książki, by powrócić na swoją prawdziwą drogę? A gdyby nawet już nie chciał wstąpić do zakonu, jaką cenę przyjdzie mi zapłacić za to, by utrzymać go z dala od jego marzeń?

Wszyscy wydawali się trwać w głębokim skupieniu, wszyscy oprócz mnie. Nie mogłam oderwać od niego wzroku, wiedziałam, że mówił językiem aniołów. Nagle strach i zazdrość ustąpiły miejsca samotności. Nawet anioły mogły przynajmniej z kimś porozmawiać – ja byłam całkiem sama.

Nie wiem właściwie, co mnie podkusiło, by również posłużyć się tym osobliwym językiem. Może była to paląca potrzeba zjednoczenia się z nim, wypowiedzenia tego, co czułam. A może moja dusza pragnęła otworzyć się przed kimś, gdyż serce przepełnione pytaniami dopominało się jakiejkolwiek odpowiedzi.

Prawdę mówiąc, nie miałam zielonego pojęcia, jak się do tego zabrać, a skrępowanie i poczucie własnej śmieszności nie ułatwiały mi zadania. Byli tutaj mężczyźni i kobiety w różnym wieku, ludzie duchowni i świeccy, nowicjusze i siostry zakonne, studenci i starcy. Ta świadomość dodała mi otuchy, więc poprosiłam Ducha Świętego, by pomógł mi pokonać barierę lęku.

"Spróbuj – powiedziałam do siebie. – Przecież wystarczy tylko otworzyć usta i ośmielić się wypowiedzieć słowa, których sama nie rozumiesz. Spróbuj".

W końcu postanowiłam spróbować, modląc się, aby ta noc stała się dla mojego życia prawdziwą Epifanią, nowym początkiem.

I wydało mi się, że Bóg mnie wysłuchał. Słowa napłynęły do mnie same, wstyd gdzieś się ulotnił, powróciła ufność i stopniowo rozwiązał się mój język. Wszystko, co teraz wypowiadałam – mimo że nie rozumiałam własnych słów – miało jednak głęboki sens dla mojej duszy. Już sam fakt, że odważyłam się artykułować słowa pozbawione sensu, wprawiał mnie w stan euforii. Oto stałam się wolna i nie musiałam nikomu tłumaczyć się z tego, co czynię. I owa wolność otwierała mi drogę do nieba, gdzie inna, większa miłość, która wszystko wybacza i nigdy nie czuje się odrzucona, wypełniała mnie na powrót.

"Zdaje mi się, że odnajduję wiarę" – pomyślałam zadziwiona cudami, jakie miłość potrafi uczynić. Czułam bliskość Najświętszej Panny, która wyciągała do mnie ramiona, otulała troskliwie swoim płaszczem. Osobliwe słowa coraz szybciej płynęły z moich ust.

Nie wiedzieć czemu zaczęłam nagle szlochać. Radość zawładnęła moim sercem, zalała mnie całą. Była silniejsza niż strach, niż moje nędzne przekonania, niż pragnienie kontroli nad każdą chwilą życia. Wiedziałam, że ten płacz był darem, gdyż jeszcze w szkole mówiono mi, że święci zawsze płakali w ekstazie. Otworzyłam oczy, wpatrując się w ciemność nieba i czułam na twarzy własne łzy, pomieszane z kroplami deszczu. Ziemia żyła, a spływająca woda powtarzała największy cud niebios. My zaś stawaliśmy się cząstką tego cudu.

– Bóg może być kobietą – powiedziałam cicho, kiedy inni jeszcze śpiewali. – A jeśli tak jest w istocie, to miłości nauczyło nas Jego kobiece wcielenie.

– A teraz pomódlmy się w ośmioosobowych grupach – rzekł ksiądz po hiszpańsku, po włosku i po francusku.

Ktoś zbliżył się do mnie i zarzucił mi ramię na szyję. Ktoś inny uczynił to samo z drugiej strony. W ten sposób utworzyliśmy ośmioosobowe kręgi. Pochyleni stykaliśmy się głowami. Cała nasza energia i bijące z nas ciepło skupiały się w tej pozycji.

– Niech Matka Boska Niepokalanego Poczęcia wspomoże mego syna w znalezieniu własnej drogi – powiedział mężczyzna stojący z prawej strony. – Proszę, pomódlmy się wszyscy za niego.

– Amen – odrzekliśmy chórem i osiem osób zmówiło *Ave Maria*.

Każdy po kolei wyrażał swoje życzenie i wspólnie modliliśmy się w jego intencji. Dziwiłam się sobie samej, bo modliłam się jak dziecko, i jak dziecko wierzyłam święcie, że prośba będzie wysłuchana.

Zgromadzenie ucichło na chwilę i zrozumiałam, że przyszła moja kolej. Pewnie w każdej innej sytuacji umarłabym ze wstydu, ale dzisiaj czułam czyjąś obecność i dodawała mi ona otuchy.

Powiedziałam zatem :

– Niech Matka Boska Niepokalanego Poczęcia nauczy mnie kochać tak jak Ona. Niech ta miłość pozwoli mi wzrastać, jak i temu, do którego ją kieruję. Zmówmy razem *Ave Maria*.

Modliliśmy się wspólnie i ponownie rozpierało mnie uczucie pełnej wolności. Przez lata toczyłam nieustanną walkę z własnym sercem, gdyż bałam się smutku, cierpienia i rozstań. Żyłam w przekonaniu, że prawdziwa miłość jest ponad tym wszystkim i lepiej umrzeć niż jej nie zaznać. Wydawało mi się, że odwaga jest przymiotem innych ludzi, teraz ze zdumieniem odkrywałam jej istnienie w sobie samej. Nawet jeśli miłość niesie z sobą rozłąkę, samotność i smutek, to warta jest ceny, jaką trzeba za nią płacić.

"Muszę przestać wreszcie rozmyślać o tym i skupić się na ceremonii".

Jeden z kapłanów poprosił, by utworzone grupy rozeszły się i każdy z osobna modlił się za chorych. Od czasu do czasu ktoś odzywał się w osobliwym języku i wznosił ramiona do nieba.

– Synowa jednej z osób znajdujących się pośród nas jest cierpiąca. Niechaj ta osoba dowie się, że oto chora powraca do zdrowia – powiedziała jakaś kobieta. Modlitwy nasilały się pośród śpiewu i ogólnej radości.

Dopiero później wyjaśnił mi, że chodziło tu o zdolność przepowiedni, i że niektórzy ludzie potrafili przeczuć to, co działo się w odległym miejscu lub to, co miało się wkrótce wydarzyć. I choć wtedy o tym nie wiedziałam, wierzyłam jednak gorąco owym głosom zapowiadającym cuda. Miałam nadzieję, że w pewnej chwili ktoś wspomni o miłości dwojga obecnych tam ludzi. Jak bardzo pragnęłam usłyszeć, iż owa miłość jest błogosławiona przez anioły i wszystkich świętych, przez samego Boga i przez Boginię.

Trudno mi powiedzieć, jak długo trwało to misterium śpiewów, tańca, uniesionych do nieba ramion, próśb o łaskę i cuda. Nagle kapłan, który przewodził całej ceremonii, rzekł:

– A teraz zaśpiewajmy i pomódlmy się za tych, którzy po raz pierwszy uczestniczyli w naszej charyzmatycznej odnowie.

Znaczyło to, że nie byłam sama, i poczułam się pewniej.

Rozległ się śpiew zebranych. Tym razem jedynie słuchałam, błagając w duchu, by łaska spłynęła i na mnie. Tak bardzo jej potrzebowałam.

– Przyjmijmy błogosławieństwo – powiedział ksiądz.

Odwróciliśmy się w stronę oświetlonej groty na przeciwległym brzegu rzeki. Kapłan modlił się długo i pobłogosławił nas wszystkich. Pożegnaliśmy się ciepłym uściskiem, życząc sobie nawzajem radosnego święta Niepokalanego Poczęcia, po czym rozeszliśmy się każdy w swoją stronę.

Wtedy dopiero podszedł do mnie. Był pogodniejszy niż zazwyczaj.

– Jesteś całkiem przemoczona.

– Ty też – odpowiedziałam ze śmiechem.

Wsiedliśmy do samochodu i wróciliśmy do Saint-Savin.

Tak długo czekałam na tę chwilę, a gdy w końcu nadeszła, zabrakło mi słów. Nie byłam w stanie mówić ani o domu w górach, ani o ceremonii, ani o płytach i książkach, ani o dziwnych językach i zbiorowych modlitwach.

On żył w dwóch różnych światach. Czasami oba te światy stapiały się ze sobą, tworząc jeden, i powinnam była zrozumieć, jak to się działo.

W tej sytuacji słowa nie służyły niczemu. Miłość odkrywa się kochając.

– Został mi już tylko jeden sweter – powiedział, gdy znaleźliśmy się w pokoju. – Weź go, kupię sobie inny.

– Na noc rozwiesimy ubrania na grzejniku. Jutro będą suche. Mam zresztą jeszcze tamtą bluzkę, którą wczoraj uprałam.

Milczeliśmy przez chwilę.

Ubranie, nagość, zimno...

W końcu wyciągnął z walizki podkoszulek.

– Trzymaj. Przyda ci się do spania.

– Dziękuję.

Zgasiłam światło. W ciemnościach zrzuciłam z siebie mokrą odzież, rozwiesiłam ją na grzejniku, który nastawiłam na najwyższą temperaturę.

Światło latarni wpadające z ulicy wystarczało, by dojrzał w mroku moją sylwetkę i dostrzegł, że byłam naga. Wciągnęłam na siebie podkoszulek i wślizgnęłam się szybko pod kołdrę.

– Kocham cię – usłyszałam jego głos.

– A ja uczę się miłości do ciebie – odpowiedziałam.

Zapalił papierosa.

– Czy wierzysz, że ten moment w końcu nadejdzie?

Wiedziałam, co chciał powiedzieć. Wstałam i usiadłam na skraju jego łóżka. Koniuszek papierosa rozświetlał raz po raz jego twarz. Ujął moją rękę i trwaliśmy tak przez chwilę. Zanurzyłam palce w jego włosach.

– Nie powinieneś stawiać takich pytań. Miłość nie pyta o nic, bo kiedy zaczynamy się nad nią zastanawiać, ogarnia nas przerażenie, niewypowiedziany lęk, którego nie sposób nazwać słowami. Może jest to obawa bycia wzgardzonym, odrzuconym, obawa, że pryśnie czar? Może wydaje się to śmieszne, ale właśnie tak się dzieje. Dlatego nie należy stawiać pytań, lecz działać. Jak powtarzałeś wielokrotnie – trzeba wystawić się na ryzyko.

– Wiem o tym i do tej pory o nic nie pytałem.

– Moje serce należy już do ciebie – odrzekłam, udając, że nie usłyszałam jego słów. – Jutro możesz odjechać i zatrzymamy w pamięci urok chwil, którymi teraz żyjemy, miłość romantyczną, marzenia i to, co mogło się wydarzyć. Wydaje mi się, że Bóg ukrył piekło w samym sercu raju, abyśmy nieustannie pozostali czujni, i w radosnym stanie łaski nie zapomnieli o potrzebie rygoru.

Dotyk jego dłoni na moich włosach nasilił się.

– Szybko się uczysz – wyszeptał.

Sama dziwiłam się własnym słowom. Ale skoro raz uwierzymy, że wiemy, to naprawdę posiądziemy wiedzę.

– Niech ci się nie wydaje, że jestem fortecą nie

do zdobycia. Wielu mężczyzn przewinęło się już przez moje życie. Z niektórymi kochałam się, niemal ich nie znając.

– Mnie też się to zdarzało – odrzekł.

Starałam się zachować naturalność, ale po sposobie, w jaki mnie dotykał, wyczułam, że moje słowa nie są mu miłe.

– Jednak w tajemniczy sposób odzyskałam dzisiaj niewinność. Nie staraj się nawet zrozumieć, bo tylko inna kobieta może wiedzieć, o czym mówię. Odkrywam na nowo miłość. A na to potrzeba czasu.

Jego ręka ześlizgnęła się z włosów na moją twarz. Pocałowałam go lekko w usta i wróciłam do swojego łóżka.

Nie rozumiałam własnego zachowania. Nie wiedziałam, czy robiłam to, by przywiązać go do siebie, czy żeby dać mu wolność. Ale dzisiejszy dzień był niemiłosiernie długi i byłam zbyt zmęczona, żeby o tym myśleć.

Spędziłam nadzwyczaj błogą noc. W pewnym momencie zdawało mi się nawet, że wcale nie śpię. Jakaś kobieca postać otoczyła mnie ramionami i miałam dziwne wrażenie, jakbym znała ją od dawna. Czułam się bezpiecznie, czułam się kochana.

Obudziłam się o siódmej rano w nieznośnym gorącu. Wieczorem włączyłam przecież grzejnik, by wysuszyć nasze ubrania. Było jeszcze ciemno, więc wstałam po cichutku, żeby go nie obudzić. Ledwie jednak podniosłam się z łóżka, stwierdziłam, że nie ma go w pokoju. Ogarnęło mnie przerażenie. Inna pojawiła się natychmiast, by mi powiedzieć: „A widzisz? Nie mówiłam? Wystarczy, że ulegniesz – i już go nie ma. Tacy są mężczyźni".

Z minuty na minutę ogarniała mnie coraz większa panika. Nie należało tracić głowy, ale Inna nie dawała za wygraną: „Jeszcze tu jestem. Pozwoliłaś wiać wichrom, otworzyłaś drzwi, a teraz miłość całkiem już zawładnie twoim życiem. Jeśli będziemy działać szybko, może uda się jeszcze zapanować nad biegiem wypadków".

Należało natychmiast podjąć jakieś stanowcze działania. Zdecydować.

„Odszedł – podszeptywała Inna. – Porzuć tę dziurę zabitą dechami. Twoje życie w Saragossie jest bezpieczne. Wracaj tam bez namysłu, zanim stracisz to wszystko, co zdobyłaś tak wielkim wysiłkiem".

„Musiał mieć jakiś powód" – pomyślałam.

„Mężczyźni zawsze mają jakieś powody – judziła Inna. – A wszystko kończy się zazwyczaj tym, że porzucają kobiety".

Musiałam wrócić jakoś do Hiszpanii. Musiałam czymś zająć myśli.

„Spójrzmy najpierw z praktycznej strony: pieniądze" – powiedziała Inna.

Nie miałam grosza przy duszy. Powinnam zejść na dół, zadzwonić do rodziców na ich rachunek i poczekać, aż przyślą mi pieniądze na powrót.

Dzisiaj jest święto, więc pieniądze będą mogły nadejść dopiero jutro. A muszę przecież coś jeść. I jak tu wytłumaczyć właścicielom, że zapłacę im dopiero za dwa dni?

„Lepiej nic nikomu nie mówić" – radziła Inna. Miała przecież duże doświadczenie i bez trudu potrafiła wybrnąć z podobnych sytuacji. Nie była zakochanym podlotkiem, lecz kobietą, która zawsze dobrze wiedziała, czego chce. Powinnam zachowywać się tak, jakby nic się nie stało, jakby on miał jeszcze wrócić. A kiedy nadejdą pieniądze, po prostu zapłacić i wyjechać.

„Brawo! – ucieszyła się Inna. – Stajesz się

w końcu rozsądna. Nie smuć się tylko. Nadejdzie dzień, w którym spotkasz kogoś, mężczyznę, którego pokochasz bez ryzyka".

Zebrałam ubrania z grzejnika. Były już zupełnie suche.

Musiałam dowiedzieć się, gdzie w miasteczku jest jakiś bank i zadzwonić do rodziców. Pomyślałam, że załatwienie tych spraw pochłonie mnie na tyle, że nie będę miała czasu na niepotrzebne łzy i rozterki.

I właśnie wtedy dostrzegłam kartkę, którą mi zostawił na stole:

„Poszedłem do seminarium. Przygotuj swoje rzeczy, wyjeżdżamy dziś wieczorem do Hiszpanii. Wrócę późnym popołudniem". Z dopiskiem: *„Kocham cię".*

Przycisnęłam do piersi kartkę papieru, lecz mimo ulgi czułam się nieszczęśliwa. Inna – zaskoczona odkryciem – zamknęła się w sobie.

Ja też go kochałam. Z każdą minutą, z każdą sekundą ta miłość rosła i zmieniała mnie. Powróciła mi ufność w to, co ma nadejść, i stopniowo wracała nadzieja i wiara w Boga.

I wszystko to działo się za sprawą miłości.

„Nigdy więcej nie chcę mieć nic wspólnego z ciemną stroną mojej duszy – obiecywałam sama sobie, zatrzaskując tym samym Innej drzwi przed nosem. – Upadek z trzeciego piętra jest równie tragiczny w skutkach, jak upadek z wysokości stu pięter".

Jeśli już mam spadać, niechaj będzie to przynajmniej z wysoka.

– O nie! Nie wypuszczę pani tym razem bez śniadania – zaprotestowała właścicielka pensjonatu.

– Nie wiedziałam, że zna pani hiszpański! – odrzekłam zaskoczona.

– Granica jest bardzo blisko. Latem do Lourdes przyjeżdża wielu turystów. Gdybym nie mówiła po hiszpańsku, nigdy nie mogłabym wynająć moich pokoi.

Przygotowała mi grzanki i kawę z mlekiem. Odzyskałam pogodę ducha, niezbędną, by przeżyć dzisiejszy dzień. Wiedziałam, że każda jego godzina będzie trwała całą wieczność. Pomyślałam, że śniadanie pokrzepi mnie nieco.

– Od jak dawna jesteście małżeństwem? – zapytała gospodyni.

– On był moją pierwszą miłością – moja odpowiedź zaspokoiła jej ciekawość.

– Czy widzi pani te szczyty w oddali? – podjęła.

– Tam właśnie postradał życie mężczyzna, który był moją pierwszą miłością.

– Spotkała pani później kogoś innego?

– Tak, spotkałam. I byłam szczęśliwa. Dziwne są koleje ludzkiego losu. Niemal nikomu ze znanych mi osób nie udało się poślubić swojej pierwszej miłości. Zaś ci, którym się to zdarzyło, często mi mówią, że ominęło ich coś istotnego, że nie doświadczyli czegoś, co mogło być im dane.

Nagle urwała.

– Przepraszam, nie chciałam pani zranić.

– Nie czuję się urażona.

– Często patrzę na tę studnię i mówię sobie : nikomu nie przyszło do głowy, żeby szukać w tym miejscu wody, aż do dnia, kiedy święty Sawin zaczął tu kopać i odkrył źródło. Gdyby on tego nie uczynił, nasza wioska znajdowałaby się dzisiaj tam, w dole, na brzegu rzeki.

– A jaki to ma związek z miłością?

– Ta studnia przyciągnęła do siebie ludzi z ich marzeniami, nadziejami, wątpliwościami. Ktoś kiedyś wpadł na pomysł, żeby tu właśnie szukać wody, a gdy trysnęła z ziemi, miejsce to niczym magnes przyciągnęło innych. Wierzę zatem, że jeśli człowiek poszukuje miłości, to ją w końcu znajduje, a wtedy skupia wokół siebie jeszcze więcej miłości. Wystarczy, by jeden człowiek był nam życzliwy, a wtedy inni również stają się życzliwi. Zaś kiedy jesteśmy sami, to coraz bardziej zasklepiamy się w naszej samotności. Dziwne jest życie.

– Czy słyszała pani kiedykolwiek o księdze *I Cing*? – spytałam.

– Nie, nie znam jej.

– Mówi ona o tym, że można przebudować całe miasto, ale nie da się przenieść studni. Wokół studni spotykają się zakochani, zaspokajają swoje pragnienie, budują domy, wychowują dzieci. I jeśli ktoś postanawia odejść, to studnia żadną miarą za nim nie podąży. Podobnie porzucona miłość zostaje, ale nadal wypełnia ją ta sama czysta woda.

– Moje dziecko, mówi pani jak stara kobieta, która wiele już w życiu przeszła.

– Ależ skądże! Zawsze się bałam i nigdy dotąd nie wykopałam studni. Czynię to teraz i chcę być świadoma ryzyka.

Poczułam nagle, że jakiś przedmiot ciąży mi w kieszeni, a gdy uprzytomniłam sobie, co to jest – moje serce zamarło. Dopiłam pośpiesznie kawę. Klucz. Miałam przecież klucz.

– Czy to w tej właśnie wiosce mieszkała kobieta, która po śmierci zapisała całe swe mienie klasztorowi w Tarbes? – spytałam. – Może wie pani, gdzie znajduje się jej dom?

Gospodyni otworzyła drzwi i pokazała mi go z daleka. Był to jeden ze starych średniowiecznych domów okalających rynek. Druga strona domu wychodziła na dolinę i pobliskie góry.

– Jakieś dwa miesiące temu do tego domu przyjechało dwóch duchownych – rzekła. – I...

Spojrzała na mnie wyraźnie zbita z tropu.

– I jeden z nich był bardzo podobny do pani męża – dorzuciła po dłuższej chwili.

– Bo to był on – rzekłam na odchodne, rozbawiona figlem dziecka, które się we mnie budziło.

Stałam nieruchomo przed domem, nie wiedząc, co począć.

Gęsta mgła spowijała wszystko i zdawało mi się, że znalazłam się w jakimś śnie, pełnym szarości i osobliwych postaci, które wiodły mnie do miejsc przedziwnych.

Obracałam nerwowo klucz w palcach.

Na pewno z okien nie uda mi się dojrzeć górskich szczytów we mgle. Okaże się, że w środku jest mroczno, a na firankach nie igrają słoneczne promyki. Ten dom będzie smutny bez niego.

Spojrzałam na zegarek. Była dziewiąta rano. Musiałam koniecznie czymś się zająć, czymkolwiek, byle zabić czas, który tak powoli płynął, i oczekiwanie...

Oczekiwanie. Pierwsza lekcja miłości, jakiej się nauczyłam. Dzień dłuży się w nieskończoność, snujemy tysiące planów, prowadzimy sami ze sobą wymyślone dialogi, przyrzekamy się zmienić –

i trwamy w niepokoju aż do nadejścia osoby, którą kochamy.

A kiedy jest wreszcie obok, to brak nam słów. Bowiem długie godziny oczekiwania wywołują napięcie, napięcie przekształca się w lęk, a lęk sprawia, że wstydzimy się okazać własne uczucia.

„Nie wiem, czy powinnam tam wejść". Pomyślałam o naszej wczorajszej rozmowie, która sprawiła, że dom ten stał się symbolem marzeń. Nie mogłam jednak sterczeć tam bezczynnie cały dzień. Wzięłam na swoje barki całą odpowiedzialność, wyjęłam z kieszeni klucz i zbliżyłam się do drzwi wejściowych.

– Pilar!

Jakiś głos naznaczony silnym akcentem francuskim dobiegł mnie zza mgły. Byłam bardziej zaskoczona niż wystraszona. Mógł to być przecież właściciel domu, w którym wynajęliśmy pokój, choć nie przypominałam sobie, bym mu wyjawiła moje imię.

– Pilar! – głos odezwał się ponownie, tym razem już nieco bliżej. Ktoś nadchodził pośpiesznym krokiem. Oto koszmar mgły i jej przedziwnych form stawał się rzeczywistością.

– Zaczekaj, proszę – powiedział nie znany głos. – Chciałem z tobą porozmawiać.

Przede mną stał jakiś ksiądz. Był karykaturą wiejskiego proboszcza – mały, pucołowaty, lekko łysiejący, z rzadkimi kosmykami siwych włosów.

– Dzień dobry – rzekł z uśmiechem i wyciągnął do mnie rękę na powitanie.

Przywitałam się z nim całkiem osłupiała.

– Jaka szkoda, że mgła wszystko zakryła – stwierdził patrząc na dom. – Saint-Savin położone jest wysoko i widok z okien tego domu jest naprawdę cudowny. W dole rozpościera się dolina, a w dali ośnieżone szczyty Pirenejów. Zresztą na pewno o tym wszystkim wiesz.

Domyśliłam się, że stał przede mną przełożony klasztoru.

– Co tu robisz, ojcze? I skąd znasz moje imię? – zapytałam.

Pytaniem uchylił się od odpowiedzi :

– Chcesz wejść do środka?

– Nie. Chcę, ojcze, byś odpowiedział na moje pytanie.

Potarł dłonie, by je nieco rozgrzać i przysiadł na bruku. Usiadłam obok niego. Mgła gęstniała coraz bardziej. Spowiła już całkiem kościół, stojący jakieś dwadzieścia metrów od nas. Mogliśmy dojrzeć jedynie studnię, która przypominała mi słowa tamtej kobiety.

147

– Ona tu jest – powiedziałam.

– Kto taki? O kim mówisz?

– O Bogini. Ona jest mgłą, która nas otacza.

– A więc mówił ci też o tym! – wykrzyknął śmiejąc się. – Niech tak będzie, ale ja wolę nazywać ją Najświętszą Dziewicą. Kwestia przyzwyczajenia.

– Co tu robisz, ojcze? I kto zdradził ci moje imię? – spytałam ponownie.

– Przyszedłem, bo chciałem zobaczyć się z wami. Ktoś z grupy charyzmatycznej powiedział mi wczoraj wieczorem, że zatrzymaliście się w Saint-Savin. A to przecież maleńka mieścina.

– Czy on jest w seminarium?

Kleryk przestał się uśmiechać i pokręcił głową.

– Przykro mi – wymamrotał jakby do siebie.

– Przykro ci, ojcze, że odwiedził w seminarium?
– Przeciwnie. Nie ma go tam. Właśnie stamtąd idę.

Zamilkł na dłużej. Przypomniałam sobie wszystkie sprawy do załatwienia: pieniądze, decyzje, telefony, bilety powrotne. Ale coś sobie przecież przyrzekłam i muszę dotrzymać obietnicy.

Miałam przed sobą człowieka Kościoła, a gdy byłam dzieckiem nauczono mnie, że przed księdzem nie ma tajemnic.

– Czuję się zmęczona – powiedziałam, by przerwać ciszę. – Jeszcze kilka dni temu wiedziałam, kim jestem i czego oczekuję od życia. Teraz mam wrażenie, że znalazłam się w sercu zawieruchy, która miota mną we wszystkie strony, i nie potrafię jej stawić czoła.

– Przetrzymaj to. To bardzo ważne.

Jego słowa zdziwiły mnie.

– Nie bój się – podjął, jakby odgadując moje myśli. – Kościół potrzebuje kapłanów i on mógłby być jednym z najlepszych. Ale cena, jaką by musiał za to zapłacić, jest bardzo wysoka.

– Gdzie on jest? Czyżby porzucił mnie i wrócił do Hiszpanii?

– Do Hiszpanii? Jego domem jest klasztor o kilka kilometrów stąd. Ale tam go nie ma. Wiem jednak, gdzie go szukać.

Jego słowa dodały mi trochę otuchy. Wiedziałam przynajmniej, że nie wyjechał daleko.

Tymczasem proboszcz spoważniał.

– Proszę nie cieszyć się przedwcześnie – rzekł, znów odgadując, co się ze mną działo. – Lepiej by było, gdyby wrócił do Hiszpanii.

Podniósł się i poprosił, żebym poszła z nim.

Choć widoczność ograniczała się do kilku zaledwie metrów, wydawało mi się, że dobrze wiedział, którędy iść. Opuściliśmy Saint-Savin idąc drogą, na której przedwczoraj – a może było to już sto lat temu? – usłyszałam historię o Bernadecie.

– Dokąd idziemy? – spytałam.

– Idziemy na jego poszukiwanie.

– Ojcze, jest coś, czego nie rozumiem. Wydało mi się przed chwilą, jakby zmartwiła cię wiadomość, że go tu nie ma?

– Co ty możesz wiedzieć o życiu religijnym, moje dziecko?

– Nie za wiele. Tyle tylko, że księża składają obietnicę ubóstwa, czystości i posłuszeństwa.

Przez moment zawahałam się, ale w końcu podjęłam temat.

– I to, że potępiają grzechy bliźnich, choć sami grzeszą. Że wydaje im się, iż wiedzą wszystko na temat małżeństwa, chociaż nigdy go nie zakosztowali. Że straszą nas ogniem piekielnym za występki, od których nie stronią. I że dają nam obraz Boga mściwego, który obwinia człowieka za śmierć swego Syna.

Roześmiał się.

– Widzę, że otrzymałaś świetne wykształcenie katolickie. Ale ja nie pytam cię o katolicyzm, lecz o to, co wiesz o życiu duchownych.

Uspokoiłam się.

– Prawdę powiedziawszy, niewiele. Są to ludzie, którzy porzucają wszystko i idą szukać Boga.

– A czy Go znajdują?

– Nie mam pojęcia, do was należy odpowiedź.

Spostrzegł, że się zdyszałam, więc zwolnił nieco kroku.

– Twoja definicja nie jest właściwa – podjął. – Ten, kto wyrusza na poszukiwanie Boga, traci tylko swój czas. Może przebiec wiele ścieżek, zgłębić wiele religii, wstąpić do wielu sekt, ale w ten sposób nigdy nie napotka Boga. Ponieważ Bóg jest tutaj, teraz, obok nas. Możemy dostrzec Jego obecność w tej mgle, w tej ziemi, w ubraniu i w butach. Jego aniołowie czuwają nad naszym snem i wspomagają nas w codziennej pracy. Aby spotkać Boga, wystarczy uważnie rozejrzeć się wokół siebie. Niemniej to spotkanie nie należy do łatwych. W miarę jak Bóg wprowadza nas w arkana swoich tajemnic, zaczynamy się gubić. Bowiem On nakazuje nam kierować się głosem marzeń i serca, a to sprawia nam sporo trudności, gdyż przywykliśmy żyć inaczej. I wtedy ze zdziwieniem odkrywamy, że Bóg pragnie po prostu, byśmy byli szczęśliwi, gdyż jest naszym Ojcem.

– I naszą Matką – dorzuciłam.

Mgła powoli zaczęła się rozpraszać. Ujrzałam wiejski domek, przed którym jakaś kobieta zbierała drzewo na opał.

– I naszą Matką... Życie duchowe wcale nie wymaga wstąpienia do seminarium, ani wstrzemięźliwości, ani postu, ani ślubów czystości. Wystarczy przyjąć, że Bóg istnieje i wierzyć. A potem już każdy podąża własną drogą i czyni cuda.

Przerwałam mu:

– Mówił mi o tym wszystkim i o tobie, ojcze.

– Mam nadzieję, że ty uszanujesz dar, jaki on posiada. Bowiem, jeśli wierzyć historii, nie zawsze tak bywało. W Egipcie poćwiartowano Ozyrysa. Bogowie greccy zwalczali się nawzajem z powodu śmiertelników. Aztekowie wypędzili Quetzalcoatla. Bogowie wikingów widzieli pożar Walhalli, którego przyczyną była pewna niewiasta. A Chrystus zawisł na krzyżu. Dlaczego tak się dzieje?

Nie miałam pojęcia, co odpowiedzieć.

– Bóg zstępuje na ziemię, aby uświadomić nam naszą własną siłę. Jesteśmy częścią Jego marzeń, a On pragnie je szczęśliwie spełnić. Jeśli zatem utwierdzimy się w przekonaniu, że Bóg stworzył nas po to, byśmy byli szczęśliwi – to będziemy musieli uznać, że każda klęska, każdy smutek wypływają z naszej winy. I to jest właśnie powód, dla którego zawsze zabijamy Boga. Czy to na krzyżu, czy w płomieniach, na wygnaniu lub po prostu w naszym własnym sercu.

– A ci, którzy to rozumieją...

– Zmieniają świat, za cenę wielu wyrzeczeń.

Kobieta zbierająca chrust na widok księdza pośpieszyła w naszą stronę.

– Wielkie dzięki, ojcze – wykrzyknęła, całując go w rękę. – Ten młody człowiek uzdrowił mojego męża.

– Twojego męża uzdrowiła Matka Boska – odparł kapłan, przyśpieszając kroku. – On jest tylko narzędziem w Jej rękach.

– To on! Jestem pewna, że to on! Wstąpcie, proszę, na chwilę do mnie.

Przypomniałam sobie poprzednią noc. Tamten mężczyzna pod bazyliką powiedział przecież: „Jest pani tutaj z człowiekiem, który czyni cuda!".

– Śpieszymy się – zaoponował ksiądz.

– Ależ nie – wtrąciłam po francusku, zmieszana nieco, że wypowiadam się w nie swoim języku. – Jest mi trochę zimno i chętnie napiłabym się gorącej kawy.

Kobieta pociągnęła mnie za rękę i weszliśmy do domu. Był to dom wygodny, choć bardzo skromny: kamienne mury, drewniany strop i podłoga z desek. Przy kominku siedział może sześćdziesięcioletni mężczyzna.

Na widok przeora natychmiast podniósł się, chcąc ucałować jego rękę.

– Proszę nie wstawać. Jeszcze nie jesteś całkiem zdrów.

– Przybrałem na wadze już z dziesięć kilo, ale ciągle jeszcze brak mi sił, by pomagać żonie.

– Nie trzeba się martwić. Niedługo poczujesz się lepiej niż kiedykolwiek.

– A gdzie jest tamten młody człowiek? – spytał mężczyzna.

– Widziałam go dzisiaj, jak jechał tam, gdzie zwykle – odpowiedziała kobieta.

Ksiądz spojrzał wymownie w moją stronę.

– Pobłogosław nas, ojcze – rzekła kobieta. – Tę moc, jaką on posiada...

– Moc Matki Boskiej – przerwał jej duchowny.

– Tak... Matki Boskiej. Tę moc i ty, ojcze, posiadasz. To przecież ty go tu przywiodłeś.

Tym razem unikał mojego spojrzenia. Kobieta nalegała.

– Pobłogosław, ojcze, mojego męża. Zmów za niego modlitwę.

Ksiądz odetchnął głęboko.

– Stań przede mną – nakazał siedzącemu mężczyźnie. A gdy ten się uniósł, kapłan przymknął oczy i zmówił *Ave Maria*. A potem wezwał Ducha Świętego, aby zstąpił na ziemię i udzielił wsparcia choremu.

Nagle zaczął mówić coraz szybciej i szybciej.

Przestałam rozumieć jego słowa, ale przypominało to trochę egzorcyzmy. Jego dłonie dotykały ramion chorego i ześlizgiwały się aż po czubki palców. Gest ten powtórzył wielokrotnie.

W palenisku ogień zabuzował silniej. Kto wie? Może przez przypadek, a może za sprawą kapłana, który wkraczał w nie znane mi obszary i wywierał wpływ na żywioły? Każdy trzask palącego się drewna przyprawiał mnie i naszą gospodynię o dreszcze. Ksiądz nie zwracał na to najmniejszej uwagi, pochłonięty bez reszty swoją czynnością. Narzędzie Matki Boskiej, jak sam przyznał przed chwilą. Trudno było rozpoznać język, którym przemawiał, bowiem wypowiadał słowa z zadziwiającą szybkością. Jego dłonie znieruchomiały nagle i spoczęły na ramionach stojącego przed nim mężczyzny.

Cały rytuał zakończył się równie szybko, jak się zaczął. Ksiądz odwrócił się i uczynił tradycyjny gest błogosławieństwa, rysując prawą ręką w powietrzu wielki znak krzyża.

— Niech Bóg ma ten dom w swojej opiece — rzekł.

W końcu odwrócił się w moją stronę, prosząc, byśmy ruszyli w dalszą drogę.

— A co z kawą? — spytała kobieta widząc, że zbieramy się już do wyjścia.

— Jeśli wypiję teraz kawę, nie będę mógł zasnąć — odpowiedział.

Roześmiała się i rzekła coś w rodzaju: „Przecież dzień się dopiero zaczął!", jednak dokładnie nie dosłyszałam, gdyż wyszliśmy już na drogę.

— Ona mówiła o jakimś młodym człowieku, który uzdrowił jej męża. To był on, prawda?

– Tak, to on.

Owładnęła mną dziwna słabość. W pamięci odżył cały wczorajszy dzień, Bilbao, wykład w Madrycie i tamci ludzie mówiący o cudach, tajemnicza obecność, którą czułam, modląc się wspólnie z innymi.

Kochałam człowieka, który potrafił uzdrawiać ludzi. Człowieka, który był w stanie wspomóc bliźniego, ulżyć jego cierpieniu, przywrócić zdrowie chorym i nadzieję ich najbliższym. Miał powołanie, które kłóciło się z białymi firankami w oknach.

– Nie obarczaj się poczuciem winy, córko.

– Czyżbyś czytał w moich myślach, ojcze?

– Tak, bowiem i ja posiadam pewien dar i staram się go z pożytkiem wykorzystać. Najświętsza Panna nauczyła mnie wgłębiać się w zamęt ludzkich uczuć, abym mógł kierować nimi w możliwie najlepszy sposób.

– A zatem podobnie jak on potrafisz czynić cuda.

– Nie potrafię uzdrawiać, ale posiadam jeden z darów Ducha Świętego.

– Możesz więc bez trudu czytać w moim sercu. A skoro tak, to wiesz dobrze o tym, że go kocham i ta miłość z każdym dniem rośnie we mnie coraz bardziej. Razem odkrywaliśmy świat i nadal razem w nim trwamy. Czegokolwiek by nie powiedzieć, on zawsze wypełniał moje życie.

Cóż więcej mogłam opowiedzieć temu synowi Kościoła, który szedł teraz u mego boku? Nie zrozumiałby przecież nigdy, że kochałam innych mężczyzn i gdybym poślubiła któregoś nich, byłabym dziś zapewne szczęśliwa. Już jako dziecko odkryłam i utraciłam miłość na placu Sorii. I na cóż się to zdało? Wystarczyły trzy dni, aby wszystko powróciło na nowo.

– Ja też mam prawo do szczęścia, ojcze. Odnalazłam to, co kiedyś utraciłam i za żadne skarby nie chcę tego znowu utracić. Będę walczyć o swoje szczęście. Bo gdybym zaniechała tej walki, wyrzekłabym się życia duchowego. Jak sam mówiłeś – odrzuciłabym Boga i moją kobiecą moc. Muszę więc stoczyć bój, by go zatrzymać przy sobie.

Domyślałam się, w jakim celu przyszedł do mnie ten poczciwy, zażywny jegomość. Chciał mnie nakłonić, abym go porzuciła, bowiem ma on do spełnienia o wiele ważniejszą misję na ziemi. Trudno mi było uwierzyć, żeby ów duchowny pragnął nas ujrzeć na ślubnym kobiercu, a potem jako rodzinę wiodącą spokojny żywot w domku podobnym do tego w Saint-Savin. Mówił to wszystko jedynie po to, aby mnie zmylić, uśpić moją czujność, a w końcu z uśmiechem na ustach przekonać mnie, że powinnam uczynić coś całkiem przeciwnego.

I choć czytał w moich myślach, nie odezwał się ani słowem. Zresztą może mnie tylko zwodził? Może wcale nie potrafił odgadnąć ludzkich myśli? Mgła unosiła się szybko. Widziałam już wyraźnie drogę, górskie zbocze, pola i korony drzew pokryte śniegiem. A i moje uczucia stawały się coraz bardziej przejrzyste.

Do diabła! Jeśli to prawda, że ten klecha rzeczywiście odgaduje ludzkie myśli, niechaj czyta w moich do woli! Niech dowie się wszystkiego! Niech wie, że wczoraj on pragnął się ze mną kochać, ale ja mu nie uległam, a teraz tego gorzko żałuję.

Jeszcze wczoraj myślałam sobie, że jeśli miałby odejść, to zawsze będę mogła wspominać starego przyjaciela z dziecięcych lat. Ale to było głupie. Bo nawet jeśli jego członek nie wszedł we mnie, coś innego wtargnęło do mojego wnętrza jeszcze głębiej i ugodziło mnie prosto w serce.

– Kocham go, ojcze – powtórzyłam.

– Ja również. A miłość każe robić głupstwa. W moim przypadku zmusza mnie, abym próbował oddalić go od przeznaczenia, jakie jest mu pisane.

– Trudno ci się będzie mnie pozbyć, ojcze. Podczas wczorajszej modlitwy przy grocie odkryłam, że też mogę obudzić w sobie moce, o których mówiłeś. I obiecuję, że posłużę się nimi, by zatrzymać go przy sobie.

– Niechaj się tak stanie – podsumował z lekkim uśmiechem. – Oby ci się udało.

Przystanął i wyciągnął z kieszeni różaniec. Obracał go w palcach, patrząc mi prosto w oczy.

– Chrystus mówił, że nie trzeba się zaprzysięgać, więc i ja tego nie uczynię. Ale powiem ci, stojąc tu, w obecności tego, co dla mnie najświętsze, że nie życzę mu wcale, by wiódł zwykłe życie duchownego. Nie chcę, by został księdzem. Może przecież służyć Bogu inaczej. U twojego boku.

Z trudem przyszło mi uwierzyć, że mówił prawdę, ale tak z pewnością było.

– On jest tutaj – powiedział ksiądz.

Odwróciłam się i ujrzałam samochód zaparkowany nie opodal, ten sam, którym przyjechaliśmy z Hiszpanii.

– Zazwyczaj przychodzi tu pieszo – zauważył z uśmiechem. – Tym razem pragnął dać nam do zrozumienia, że przebył daleką drogę.

Moje płócienne buty przemokły od śniegu doszczętnie. Ale przeor miał na nogach tylko sandały i wełniane skarpety, więc wolałam się głośno nie
skarżyć. Skoro on to znosił, ja mogłam to ścierpieć
równie dobrze. Zaczęliśmy wspinać się na szczyt.

– Daleko jeszcze?

– Najwyżej pół godziny marszu.

– Dokąd właściwie idziemy?

– Na spotkanie z nim i na spotkanie z innymi
ludźmi.

Czułam, że nie ma ochoty wyjawić mi nic więcej. A może oszczędzał siły na wspinaczkę? Wdra-
pywaliśmy się w milczeniu po stromym zboczu.
Mgła rozproszyła się już niemal całkowicie i na
niebie pojawiła się złota tarcza słońca.

Po raz pierwszy rozpościerał się przede mną widok na całą dolinę, na rzekę płynącą w dole, na
rozsiane tu i ówdzie osady, na Saint-Savin uczepio-
ne górskiego zbocza. Z daleka rozpoznałam

dzwonnicę kościoła, cmentarz, którego nigdy przedtem nie dostrzegłam, i średniowieczne domy otwierające się na rzekę.

Nieco poniżej nas, w miejscu, które dopiero co minęliśmy, jakiś pasterz prowadził stado owiec.

– Jestem zmęczony. Zatrzymajmy się na chwilę – powiedział.

Odgarnęliśmy śnieg ze skały, by móc się o nią oprzeć. Ksiądz był zupełnie spocony, ale jego stopy z pewnością zdrętwiały z zimna.

– Niech święty Jakub doda mi sił, bym mógł raz jeszcze pójść jego drogą – westchnął.

Nie pojęłam aluzji i wolałam szybko zmienić temat.

– Widać ślady na śniegu – rzekłam.

– W większości są to ślady myśliwych, a reszta to odciski stóp ludzi, którzy pragną podtrzymać tradycję.

– Jaką tradycję?

– Tradycję świętego Sawina. Uciec od świata, pójść w te góry i chwalić Boga.

– Ojcze, pomóż mi go zrozumieć. Jeszcze wczoraj byłam z człowiekiem, który wahał się pomiędzy życiem religijnym i małżeństwem. Dzisiaj odkrywam, że człowiek ten czyni cuda.

– Wszyscy czynimy cuda. Chrystus powiedział, że jeśli nasza wiara będzie wielkości ziarnka gorczycy, powiemy górze: „Przyjdź!" – i ona przyjdzie.

– Nie oczekuję lekcji katechizmu, ojcze. Kocham go i chciałabym więcej o nim wiedzieć, by móc go zrozumieć i jakoś mu pomóc. Nie obchodzi mnie wcale, co inni mogą, a czego nie mogą.

Westchnął głęboko. Długo bił się z myślami, ale

w końcu podjął temat.

— Pewnemu uczonemu, który obserwował małpy na indonezyjskiej wyspie, udało się nauczyć jednego koczkodana myć w wodzie ziemniaki przed ich spożyciem. Oczyszczone z piasku bulwy były smaczniejsze. Człowiek, który robił to jedynie dla potrzeb swoich badań nad możliwościami nauczania małp, nie przewidział dalszego rozwoju wypadków. Jakież było jego zdumienie, gdy pewnego dnia ujrzał inne małpy naśladujące tego koczkodana! A kiedy już spora liczba osobników nauczyła się myć ziemniaki, nagle małpy z sąsiednich wysp zaczęły czynić podobnie. Najdziwniejsze jest jednak to, że nie miały one żadnego kontaktu z wyspą, na której wszystko się zaczęło. Czy wiesz, dlaczego tak się działo?

— Nie mam bladego pojęcia.

— Istnieje na ten temat wiele naukowych teorii. Najbardziej rozpowszechniona mówi o tym, że jeśli pewna określona liczba osobników danego gatunku ewoluuje, to z czasem cały gatunek podlega ewolucji. Nie wiadomo jeszcze dokładnie, ilu takich osobników potrzeba, niemniej sprawdzono, że tak się właśnie dzieje.

— Podobnie rzecz się miała z Niepokalanym Poczęciem — powiedziałam. — Objawiło się ono równocześnie światłym umysłom Watykanu i małej, prostej wieśniaczce.

— Świat posiada własną duszę i bywa, że owa dusza wywiera wpływ na wszystko i na wszystkich w tym samym czasie.

— Duszę kobiecą.

Zaśmiał się, ale nie wyjawił powodu swego rozbawienia.

– Tak się składa, że dogmat Niepokalanego Poczęcia nie był wyłączną sprawą Watykanu – ciągnął dalej. – Ponad osiem milionów ludzi podpisało petycję skierowaną do papieża. Podpisy pochodziły z najbardziej odległych od siebie zakątków świata. Głośno było o tym wszędzie.

– Czy można to uznać za pierwszy krok, ojcze?

– Pierwszy krok w stronę czego?

– W stronę poczynań, mających na celu uznanie Matki Boskiej za inkarnację kobiecego oblicza Boga. W końcu przecież uznano, że Jezus ucieleśniał Jego aspekt męski.

– Nie rozumiem, co chcesz przez to powiedzieć?

– Ile jeszcze czasu upłynie, nim pozwolimy, aby w Trójcy Świętej pojawiła się niewiasta? I dała początek Trójcy Ducha Świętego, Matki i Syna?

– Chodźmy dalej – rzekł. – Jest zbyt zimno, by stać tak bez ruchu.

– Przed chwilą przyglądałaś się sandałom na moich nogach – powiedział.

– Czy ksiądz naprawdę czyta w moich myślach?

– Jeśli chcesz, opowiem ci pokrótce, jak powstał nasz zakon. Nazywają nas bosonogimi karmelitami z powodu reguł, ustanowionych przez świętą Teresę z Avila. Sandały stanowią jeden z punktów regulaminu. Jeśli bowiem potrafimy zapanować nad ciałem, możemy również uzyskać władzę nad duchem.

Teresa była piękną dziewczyną, którą ojciec umieścił w klasztorze, by zdobyła tam wszechstronne wykształcenie. Pewnego dnia, idąc klasztornym korytarzem, zaczęła nagle rozmawiać z Chrystusem. Jej uniesienia były tak silne, tak głębokie, że oddała się im bez reszty i w bardzo krótkim czasie całe jej dotychczasowe życie uległo zmianie. A gdy przekonała się, że klasztor karmelitanek staje się domem schadzek, postanowiła sama zawiązać zakon, który przestrzegałby ściśle właściwych nauk Chrystusa i karmelu.

Święta Teresa musiała stoczyć walkę nie tylko ze sobą, ale i z potęgami tamtej epoki: Kościołem i Państwem. Mimo to nie zawahała się pójść dalej, przekonana o słuszności swojej misji. Pewnego dnia, gdy słabła już siła jej ducha, jakaś kobieta odziana w łachmany stanęła u wrót klasztoru. Chciała za wszelką cenę uzyskać posłuchanie u matki przełożonej. By ją odprawić, zarządczyni klasztoru ofiarowała przybyłej jałmużnę, ale kobieta stanowczo odmówiła. Nie chciała odejść, zanim nie uzyska widzenia z Teresą.

Czekała cierpliwie przez całe trzy dni bez jedzenia i picia. Przeorysza, ujęta współczuciem, pozwoliła jej w końcu wejść do środka.

– Ona jest całkiem obłąkana – oponowała zarządczyni.

– Gdybym słuchała tego, co mówią inni, doszłabym pewnie do wniosku, że ja sama jestem obłąkana – rzekła matka przełożona. – Być może ta niewiasta popadła w tę samą obsesję, co i ja, obsesję obrazu Ukrzyżowanego Chrystusa.

– Święta Teresa rozmawiała przecież z Chrystusem – wtrąciłam.

– To prawda. Ale wróćmy do opowieści. Matka przełożona zgodziła się w końcu przyjąć ową kobietę. Nazywała się ona Maria Jesus Yepes i pochodziła z Grenady. Gdy była jeszcze młodą zakonnicą w tamtejszym karmelu, ukazała się jej Matka Boska i nakazała stworzyć zakon według pierwotnych reguł.

"Tak jak świętej Teresie" – pomyślałam.

– Jeszcze tego samego dnia Maria Jesus porzuciła zakon i udała się boso do Rzymu. Dwa lata trwała jej pielgrzymka. Spała pod gołym niebem, cierpiała to z zimna, to ze skwaru, żyjąc z litościwych darów. Cudem dotarła na miejsce. Ale jeszcze większym cudem było to, że sam papież Pius IV udzielił jej audiencji.

– Ponieważ inni również, jak papież i Teresa, myśleli o tym samym – zakończyłam.

Podobnie jak Bernadecie nie znana była decyzja Watykanu, podobnie jak małpy z innych wysp nie wiedziały nic o doświadczeniach swych sąsiadek, tak samo Maria Jesus i Teresa nieświadome były nawzajem swych odkryć.

Powoli zaczynało do mnie docierać znaczenie tego wszystkiego.

Tymczasem wędrowaliśmy przez las. W górze bezlistne gałęzie drzew pokrytych śniegiem przyjmowały pierwsze promienie słoneczne. Mgła rozproszyła się zupełnie.

– Wiem, do czego zmierzasz, ojcze.

– Nastały czasy, w których wielu ludzi otrzymuje to samo przykazanie. Żyjcie marzeniami. Niech wasze życie stanie się drogą wiodącą do Boga. Czyńcie cuda. Uzdrawiajcie. Prorokujcie. Słuchajcie waszego Anioła Stróża. Bądźcie wojownikami szczęśliwymi w walce.

– Narażajcie się na ryzyko – dorzuciłam.

Słońce skąpało wszystko wokół. Śnieg iskrzył się, a nadmiar jasności raził oczy. Ta światłość zdawała się dopełniać to, o czym mówił ksiądz.

– Ale jaki to ma związek z nim?

– Przedstawiłem ci tylko piękniejszą stronę historii. Nie wiesz jednak, co działo się w duszach bohaterów.

Zamilkł na dłużej.

– Weźmy chociażby cierpienie – ciągnął dalej. – W okresach przeobrażeń zawsze pojawiają się męczennicy. Bowiem nim ludzie będą mogli pójść drogą swoich marzeń, ktoś musi poświęcić siebie. Wystawić się na pośmiewisko, na prześladowania, na wszystko, co godzi w słuszność jego działań.

– To przecież Kościół palił czarownice, ojcze.

– To prawda. A Rzym rzucał chrześcijan lwom na pożarcie. Ci, którzy ginęli na stosie lub na arenie, od razu dostąpili wiecznej chwały – tym lepiej dla nich. Ale w naszych czasach rycerze światła ścierają się z czymś dużo okrutniejszym niż męczeńska śmierć w aureoli chwały. Zjadani są powoli przez wstyd i upokorzenie. Tak stało się z niewinnymi dziećmi z Fatimy. Jacinta i Francisco zmarli w ciągu kilku miesięcy. Lucia ukryła się w klasztorze, z którego nigdy więcej nie wyszła na świat.

– Nie był to jednak przypadek Bernadety.

– Oczywiście, że tak. Poznała smak więzienia, upokorzenia, niełaski. Zresztą on na pewno ci o tym opowiadał i cytował słowa towarzyszące Objawieniu.

– Tylko niektóre.

– W czasie objawień w Lourdes Najświętsza Panna nie powiedziała wiele. Jej słowa mogłyby się zmieścić na połowie kartki z zeszytu. Jednak rzekła do małej pasterki: *Nie obiecuję ci szczęścia na tym świecie.* Dlaczego więc wśród tych niewielu słów wypowiedzianych przez Marię znalazła się przestroga dla Bernadety? Ponieważ Maria dobrze wiedziała, ile upokorzeń spotka dziewczynkę, jeśli tylko zgodzi się spełnić jej posłanie.

Patrzyłam na słońce, na śnieg, na ogołocone z liści drzewa.

– On jest buntownikiem – ciągnął i czuć było pokorę w jego głosie. – Posiada władzę, rozmawia z Najświętszą Panną. Jeśli potrafi wykorzystać swoją moc, może zajść daleko, stać się przewodnikiem duchowym ludzkości w dobie przemiany. Świat przeżywa teraz bardzo ważny moment. Jeśli jednak wybierze tę właśnie drogę, będzie musiał cierpieć. Jego objawienia są bowiem przedwczesne, a ja znam wystarczająco duszę ludzką, by wiedzieć, co go czeka.

Ksiądz zbliżył się do mnie i ujął mnie za ramiona.

– Błagam cię – dorzucił. – Uchroń go od cierpienia i tragedii, które na niego czyhają. On im nie podoła.

– Jestem w stanie zrozumieć miłość, jaką go darzysz, ojcze.

Pokręcił przecząco głową.

– Nic nie rozumiesz. Jesteś zbyt młoda, by znać okrucieństwo tego świata. Oboje jesteście zbuntowani. Pragniecie razem zmienić świat, wskazać innym drogę, sprawić, aby wasza miłość przerodziła się w legendę, którą będzie się powtarzać z pokolenia na pokolenie. Wierzysz jeszcze, że miłość może zwyciężyć.

– A czy nie może?

– Z pewnością tak, ale miłość zwycięży w swoim czasie, wtedy gdy ustanie już ludzki spór o Niebo.

– Kocham go. I wcale nie mam zamiaru czekać końca ziemskich sporów, aby pozwolić zwyciężyć mojej miłości.

Zapatrzył się w dal.

– *Nad rzekami Babilonu, tam myśmy siedzieli*

i płakali – rzekł, jakby mówił sam do siebie. – *Na topolach tamtej krainy zawiesiliśmy nasze harfy.*

– Jakież to smutne – powiedziałam.

– To pierwsze strofy jednego z psalmów, który mówi o wygnaniu, o tych, co pragną wrócić do Ziemi Obiecanej, ale nie mogą. A wygnanie to trwać będzie jeszcze długo. Cóż mogę uczynić, by zapobiec cierpieniu kogoś, kto zbyt wcześnie pragnie powrócić do raju?

– Nic, mój ojcze. Zupełnie nic.

– Oto i on – rzekł ksiądz.

Dostrzegłam go. Znajdował się o jakieś dwieście metrów ode mnie, klęczał na śniegu z obnażonym torsem. Nawet z daleka widać było, że jego ciało przybrało z zimna sinawą barwę.

Głowę pochylił nisko, a ręce złożył w modlitewnym geście. Nie wiem, czy to pod wrażeniem ceremonii, której byłam świadkiem poprzedniej nocy, czy też słów tamtej kobiety zbierającej chrust przed swym ubogim domem, ale odniosłam wrażenie, jakbym stała naprzeciw kogoś przepełnionego nieprawdopodobną siłą ducha. Kogoś, kto nie należy już do tego świata, kto połączył się z Bogiem i z duchowym światłem najwyższych niebios. Jasność bijąca od śniegu wokół niego potęgowała jeszcze to wrażenie.

– Na tej górze są też inni ludzie – rzekł przeor. – Ci, którzy trwają w nieustannej adoracji, łącząc się z Bogiem i Najświętszą Panną. Ci, którzy wsłuchują się w głosy aniołów, świętych, proroków, w słowa mądrości, i przekazują to nielicznej garstce wiernych. I dopóki tak się dzieje, nie będzie kłopotów. Niestety, on nie zadowoli się tym. Pójdzie w świat głosić wiarę we Wszechmocną Matkę. Narazie Kościół nie chce o tym słyszeć, a ludzie ściskają kamienie w rękach, gotowi obrzucić nimi tych, którzy pierwsi podejmą temat.

– Zaś kwiatami tych, co przyjdą po nich – dorzuciłam.

– Być może, ale to nie będzie jego przypadek.

Ruszył w jego stronę.

– Dokąd idziesz, ojcze? – spytałam.

– Wyprowadzić go ze stanu uniesienia. Mam zamiar powiedzieć mu, że mi przypadłaś do gustu i że błogosławię wasz związek. Uczynię to właśnie tutaj, w miejscu, które dla niego jest święte.

Ogarnęły mnie mdłości, jak kogoś przeszytego nagłym lękiem bez widomej przyczyny.

– Zaczekaj, proszę, ojcze! Muszę zebrać myśli. Nie wiem jeszcze, co powinnam robić.

– Nic nie da się zrobić. Wielu rodziców popełnia błędy w stosunku do własnych dzieci, bowiem wydaje się im, że wiedzą, co jest dla nich lepsze. Nie jestem twoim ojcem i wiem, że nie robię tego, co należałoby uczynić, ale muszę spełnić moje zadanie.

Odczuwałam coraz większą trwogę.

– Nie przerywajmy mu teraz – powiedziałam. – Dajmy mu czas na medytację.

– Nie powinien tu zostać. Jego miejsce jest przy tobie.

– Może właśnie teraz rozmawia z Marią?

– Bardzo możliwe. Ale mimo to musimy pójść do niego. Jeśli zobaczy mnie z tobą, domyśli się od razu, że powiedziałem ci wszystko. Zna dobrze moją opinię na ten temat.

– Przecież dzisiaj wypada święto Niepokalanego Poczęcia – broniłam się. – Dzień dla niego wyjątkowy. Wczoraj wieczorem przed grotą promieniał radością.

– Niepokalane Poczęcie jest ważne dla nas wszystkich, zresztą nie mam teraz ochoty rozprawiać o religii. Chodźmy do niego.

– Ale dlaczego teraz, ojcze? Dlaczego w tej chwili?

– Ponieważ teraz ważą się jego losy. I może się zdarzyć, że wybierze niewłaściwą drogę.

Odwróciłam się na pięcie i zaczęłam schodzić ścieżką, która nas tu przywiodła.

– Dokąd idziesz? Czy naprawdę nie rozumiesz, że tylko ty możesz go uratować? Nie widzisz, że cię kocha i jest gotów porzucić dla ciebie wszystko?

Szłam coraz szybciej i trudno mu było dotrzymać mi kroku.

– On w tej właśnie chwili dokonuje wyboru. I być może porzuci cię. Walcz o to, co kochasz!

Nawet się nie zatrzymałam. Biegłam najszybciej jak tylko mogłam, zostawiając daleko za sobą góry, religię i wszelkie wybory. Wiedziałam, że przeor biegł za mną zdyszany. Choć przecież czytał w moich myślach i był świadom tego, że każda próba zmuszenia mnie do powrotu okaże się próżna. Mimo to nalegał, przekonywał, walczył do końca. Wreszcie dotarliśmy do skały, przy której odpoczywaliśmy pół godziny wcześniej. Wyczerpana upadłam na ziemię. W głowie miałam pustkę. Pragnęłam tylko uciec daleko, zostać sama i mieć czas na zebranie rozproszonych myśli.

Przeor pojawił się w kilka minut później, zdyszany pośpiesznym marszem.

– Spójrz tylko na te góry. One nie muszą się modlić. Same są modlitwą do Boga. Znalazły swoje miejsce na ziemi i tu pozostaną. Były tu, nim człowiek ujrzał niebo, usłyszał grzmot pioruna i nim zadał sobie pytanie, kto to wszystko stworzył. Rodzimy się, cierpimy, umieramy, a góry stoją tam, gdzie stały. Bywają takie chwile, kiedy pytamy samych siebie, czy warto czynić jakikolwiek wysiłek. Dlaczego nie być jak te stare, mądre góry i nie pozostać na swoim miejscu? Dlaczego ryzykować wszystkim dla garstki osób, które i tak wkrótce zapomną o naszych naukach i pójdą szukać nowych przygód? Dlaczego nie czekać spokojnie, aż określona liczba małp czy ludzi nauczy się czegoś i wiedza ta rozejdzie się samoistnie po wszystkich wyspach?

– Chyba nie wierzysz w to, co mówisz, ojcze.

Zamilkł na chwilę.

– To raczej ty czytasz w moich myślach.

– Gdybyś wierzył, że to naprawdę nie ma sensu, nigdy nie wybrałbyś stanu duchownego.

– Nieraz starałem się zrozumieć mój własny los. Na próżno. Wstąpiłem w szeregi armii Boga, by wyjaśniać ludziom, dlaczego istnieje bieda, cierpienie i niesprawiedliwość. Nakłaniam ich, by byli dobrymi chrześcijanami, a oni mnie pytają: „Jak wierzyć w istnienie Boga, skoro na świecie jest tyle bólu?" A więc próbuję tłumaczyć to, czego wytłumaczyć się nie da. Próbuję mówić o walce aniołów, której jesteśmy ofiarami. O tym, że jeśli określona liczba ludzi zdobędzie dość wiary, by zmienić ten stan rzeczy, to wszyscy inni, w każdym punkcie globu, zakosztują dobrodziejstwa tej zmiany. Ale oni nie dają wiary moim słowom i nie robią nic.

– Są jak te wspaniałe góry. Kto stanie u ich podnóża, nie może oprzeć się myśli o wielkości stworzenia. One są żywym świadectwem miłości, jaką Bóg nas darzy, ale ich rola na tym się kończy. Są tak niepodobne do rzek, które, płynąc, zmieniają pejzaż.

– To prawda. Dlaczego jednak nie możemy stać się podobni do gór?

– Może dlatego, że los gór jest przesądzony – muszą podziwiać ciągle ten sam krajobraz.

Nie odezwał się ani słowem.

– Ja też chciałam stać się górą – ciągnęłam dalej. – W moim życiu każda rzecz była na swoim miejscu. Miałam zdobyć posadę w administracji państwowej, wyjść za mąż, uczyć własne dzieci religii moich przodków, w którą sama od dawna nie wierzyłam. Dzisiaj jestem gotowa rzucić to wszystko i pójść za mężczyzną, którego kocham. Całe szczęście, że zrezygnowałam z bycia górą – nie wytrzymałabym długo.

– Jest wiele mądrości w tym, co mówisz.

– Nie przestaję się dziwić sobie samej. Kiedyś potrafiłam rozmawiać tylko o dzieciństwie.

Podniosłam się z ziemi. Przeor uszanował moje milczenie i nie podjął rozmowy, póki nie dotarliśmy do drogi wiodącej do miasteczka. Tam ujęłam jego dłonie i ucałowałam je.

– Żegnaj, ojcze. Chciałabym, abyś wiedział, że cię rozumiem, podobnie jak rozumiem miłość, jaką go darzysz.

Uśmiechnął się i pobłogosławił mnie.

– Ja też rozumiem twoją – odrzekł.

Przez resztę dnia spacerowałam w dolinie, bawiąc się śniegiem. Dotarłam w końcu do miasteczka sąsiadującego z Saint-Savin, gdzie połknęłam kanapkę z pasztetem, przyglądając się dzieciom grającym w piłkę.

Weszłam do tamtejszego kościoła i zapaliłam świecę. Przymknęłam oczy i powtórzyłam modlitwy, jakich nauczyłam się wczoraj. A potem wypowiedziałam kilka słów pozbawionych sensu, patrząc na krzyż za ołtarzem. Powoli dar języków spłynął na mnie. I stało się to o wiele prościej niż mogłam przypuszczać.

Pośpieszne mamrotanie zdań, wypowiadanie niedorzecznych słów mogło się wydać śmieszne komuś obserwującemu mnie z boku. Ale Duch Święty tak właśnie przemawiał do mojej duszy i mówił jej o tym, co potrzebowała usłyszeć.

A kiedy poczułam się już oczyszczona, zamknęłam ponownie oczy i zmówiłam moją modlitwę:

"Najświętsza Panno, przywróć mi wiarę, abym mogła stać się narzędziem w Twoich rękach. Pozwól mi uczyć się miłości, gdyż miłość nigdy nie oddala od marzeń. Niech stanę się towarzyszką życia i sprzymierzeńcem mężczyzny, którego kocham. Niech u mego boku czyni to, co czynić musi".

Noc już prawie zapadła, kiedy powróciłam do Saint-Savin. Przed domem, w którym wynajęliśmy pokój, stał jego samochód.

– Gdzie się podziewałaś? – wykrzyknął na mój widok.

– Spacerowałam i modliłam się.

Wziął mnie w ramiona.

– Bałem się, że wyjechałaś. Jesteś tym, co w moim życiu najcenniejsze.

– Ty również – odrzekłam.

Zatrzymaliśmy się w miasteczku nie opodal San Martin de Unx. Śnieg i deszcz pomieszały nam szyki i przeprawa przez Pireneje trwała dłużej niż się spodziewaliśmy.

– Umieram z głodu – powiedział, wysiadając z samochodu.

Nawet nie drgnęłam.

– No chodź! – nalegał i otworzył drzwi z mojej strony.

– Chcę ci zadać jedno pytanie. Pytanie, jakiego nigdy dotąd nie postawiłam nikomu.

Natychmiast spoważniał. Bawił mnie jego niepokój.

– Czy to naprawdę takie ważne?

– Bardzo ważne – odparłam, przybierając równie poważną minę. – Moje pytanie brzmi: „Dokąd jedziemy?".

Oboje wybuchnęliśmy śmiechem.

– Do Saragossy – odetchnął z nie ukrywaną ulgą.

Wysiadłam z samochodu i ruszyliśmy na poszukiwanie jakiejś restauracji. O tej porze mieliśmy raczej niewielkie szanse znalezienia czegoś, co byłoby jeszcze otwarte.

"To wcale nieprawda – pomyślałam. – Inna odeszła ode mnie, a cuda się przecież zdarzają".

– Kiedy musisz być w Barcelonie? – spytałam.

Nie odpowiedział nic i nawet się nie uśmiechnął. „W przyszłości muszę unikać tego rodzaju pytań – przyrzekłam sobie. – Może pomyśleć, że chcę kontrolować jego życie".

Szliśmy dalej w milczeniu. Na jednym z domów palił się neon z napisem *Mesón El Sol*.

– Tam jeszcze jest otwarte. Chodźmy coś przekąsić – powiedział najzwyczajniej w świecie.

Na stole stał półmisek z czerwoną papryką nadziewaną sardelą, ułożoną na kształt gwiazdy. Obok ser z La Manczy pokrojony w cieniutkie, niemal przezroczyste plastry. Na środku paliła się świeca, a obok niej stała butelka czerwonej *rioji*, wypełniona do połowy.

– W średniowieczu mieściła się tutaj oberża – oznajmił nam kelner.

O tej późnej godzinie przy barze nie było prawie nikogo. Wstał od stołu i poszedł zadzwonić. Gdy wrócił, paliła mnie ochota spytać, do kogo telefonował, ale w porę ugryzłam się w język.

– Obsługujemy do wpół do trzeciej – powiedział kelner. – Jeśli państwo sobie życzą, mogę przynieść więcej szynki, sera i wina.

– Nie zostaniemy długo. Musimy przed świtem dotrzeć do Saragossy.

Kelner oddalił się, a my napełniliśmy kieliszki winem. I znowu poczułam tę dziwną lekkość, tę samą, co kiedyś w Bilbao, przyjemne upojenie, która pozwala wypowiedzieć i usłyszeć trudne słowa.

– Jesteś zmęczony podróżą i wypiliśmy zbyt dużo wina – spostrzegłam. – Powinniśmy zatrzymać się tu na noc. Widziałam, że prowadzą tu hotel.

Kiwnął potakująco głową.

– Spójrz na ten stół – powiedział. – Japończycy nazwaliby to *shibumi* – to znaczy naturalne wyrafinowanie rzeczy prostych. Ludzie zaś gromadzą pieniądze, bywają w drogich lokalach i wydaje im się, że przez to coś więcej znaczą.

Dolałam sobie jeszcze wina.

Hotel. Jeszcze jedna noc spędzona z nim. I cudownie wskrzeszona dziewiczość.

– Bawi mnie, że seminarzysta mówi o wyrafinowaniu – zażartowałam.

– Tego właśnie nauczyło mnie seminarium. Im bardziej w naszej wierze zbliżamy się do Boga, tym bardziej wydaje się On pełen prostoty. A im więcej w Nim prostoty, tym silniejsza jest Jego obecność.

Dłonią z wolna przesuwał po stole.

– Chrystus usłyszał o swoim powołaniu w czasach, kiedy wyrabiał z drewna krzesła, łóżka i szafy. Dał się nam poznać jako prosty cieśla, abyśmy zrozumieli, że wszystko, co czynimy – bez względu na to, kim jesteśmy – może nas prowadzić do doświadczenia miłości Boga.

Przerwał nagle.

– Nie o takiej jednak miłości chciałem mówić, ale o innej.

Jego dłonie spoczęły na mojej twarzy.

Wino sprawiało, że wszystko stawało się łatwiejsze dla niego. I dla mnie.

– Czemu nagle przerwałeś? Nie chcesz już mówić o Bogu, Matce Boskiej i świecie duchowym?

– Chcę mówić o innej miłości – powtórzył. – Tej, która łączy kobietę i mężczyznę. Ona również pozwala czynić cuda.

Ujęłam jego dłonie. Może i znał największe tajemnice Bogini, ale o miłości wcale nie wiedział więcej ode mnie. Nawet jeśli przemierzył świat wzdłuż i wszerz. W końcu będzie musiał zapłacić wysoką cenę i uczynić ten pierwszy krok. Bowiem najwyższą cenę płaci kobieta – cenę oddania siebie samej.

Siedzieliśmy długo w milczeniu, trzymając się za ręce. Czytałam w jego oczach odwieczny lęk, odziedziczony po przodkach, lęk przed prawdziwą miłością i próbami, na jakie wystawia ona mężczyznę. Czytałam porażkę ubiegłej nocy, długie lata spędzone z dala ode mnie, lata klasztorne wypełnione poszukiwaniem świata, w którym takie sprawy nie istnieją.

Czytałam w jego oczach, jak tysiące razy wyobrażał sobie tę chwilę i miejsce, w którym miało się to zdarzyć, moje uczesanie może i kolor sukienki. Pragnęłam mu powiedzieć „tak", że przyjmę go, gdyż moje serce wygrało bitwę. Miałam ochotę powiedzieć mu, jak bardzo go kochałam i jak mocno go w tej chwili pragnęłam.

Ale brakło mi słów. Jak we śnie przyglądałam się walce, jaką ze sobą toczył. Wiedziałam, że wisiało nad nim widmo mojej odmowy, obawa, że mnie utraci i pamięć wszystkich bolesnych słów, które mógł nieraz słyszeć w podobnych sytuacjach. Bowiem każdy z nas musi to przeżyć i każdy gromadzi blizny w sercu.

Czułam, że przekracza ostatnie bariery. W jego oczach zapalił się ogień.

Uwolniłam jedną dłoń. Sięgnęłam po kieliszek i postawiłam go na samej krawędzi stołu.

– Uważaj, spadnie – wykrzyknął przestraszony.

– Tak, spadnie. Chcę, żebyś to ty go strącił.

– Mam stłuc ten kieliszek?

Stłuczenie kieliszka jest na pozór rzeczą zwyczajną, ale budzi w nas nieodmiennie niewytłumaczalne przerażenie. No bo w końcu cóż strasznego w rozbiciu zwykłego szkła, skoro tyle razy nieopatrznie już nam się to przytrafiło?

– Stłuc kieliszek – powtórzył. – Ale po co?

– Mogłabym wyliczyć ci wiele powodów, ale chodzi po prostu o to, by rozprysł się na kawałki.

– Mam to zrobić za ciebie?

– Oczywiście, że nie.

Nie spuszczał z oka kieliszka stojącego na brzegu stołu, przejęty możliwością jego upadku.

„Jest to pewien rytuał inicjacyjny, o którym tak lubisz mówić. To tabu. Nie tłucze się szkła celowo. W restauracji i u siebie w domu staramy się nie stawiać kieliszków na krawędzi mebli. Wymaga się od nas, abyśmy uważali i nie tłukli kieliszków. A jeśli już zdarzy się nam stłuc jakiś przez nieuwagę, to dochodzimy do wniosku, że na dobrą sprawę nic strasznego się nie stało. Kelner mówi „nie szkodzi" i nie widziałam dotąd rachunku, w który wliczono by cenę zbitego kieliszka. Tłuczenie kruchego szkła stanowi nieodłączną część naszego życia i nie mamy tego za złe ani sobie, ani komukolwiek innemu".

Uderzyłam ręką w stół. Kieliszek zachwiał się, ale nie spadł.

– Uważaj! – zaprotestował.

– Stłucz ten kieliszek – nalegałam uparcie.

"Stłucz ten kieliszek – powtarzałam sobie w duchu. – Będzie to gest symboliczny. Zrozum, że przyszło mi potłuc w sobie coś o wiele ważniejszego niż ten marny kieliszek i teraz jestem szczęśliwa. W imię twojej wewnętrznej walki, stłucz go! Ponieważ nasi rodzice wbili nam do głowy, byśmy uważali na szklane przedmioty i uważali na siebie. Nauczyli nas, że dziecięce namiętności są niemożliwe, że nie powinniśmy nikogo odciągać od jego duchowego powołania, że zwykli ludzie nie czynią cudów i że nie wyrusza się w podróż, nie wiedząc, dokąd się zmierza. Stłucz ten kieliszek i uwolnij nas od tych przeklętych przesądów, od tej manii wyjaśniania wszystkiego i robienia tego, co podoba się innym".

– Stłucz ten kieliszek! – powtórzyłam raz jeszcze.

Spojrzał mi w oczy, po czym z wolna jego dłoń przesunęła się po stole i dotknęła kieliszka. Szybkim ruchem strącił go na ziemię.

Odgłos tłukącego się szkła przyciągnął uwagę wszystkich. Zamiast przeprosić, patrzył na mnie, śmiejąc się serdecznie, a ja mu wtórowałam.

– Nic się nie stało – zawołał kelner obsługujący innych gości.

Ale on już nie słuchał. Podniósł się z miejsca, chwycił mnie za włosy i pocałował.

Przyciągnęłam go do siebie z całych sił. Wgryzłam się w jego wargi i czułam jego język w moich ustach. Był to pocałunek, na który od dawna czekałam, zrodzony u brzegu rzek naszego dzieciństwa, kiedy oboje nie wiedzieliśmy, czym jest miłość. Pocałunek, który unosił się nad nami, gdy dorastaliśmy, pocałunek, który przemierzył świat ze wspomnieniem zgubionego medalika, pocałunek, który krył się między kartkami książek wertowanych przed egzaminem konkursowym. Pocałunek, który tyle razy się zgubił i dopiero dziś się odnalazł. W tym krótkim pocałunku kryły się długie lata poszukiwań, rozczarowań, złudnych marzeń. Oddałam mu jego pocałunek z tą samą siłą. Nieliczni goście na sali musieli nas obserwować i widzieli jedynie zwykły pocałunek. Nie mieli pojęcia, że ta chwila była kwintesencją całego mojego życia, życia kogoś, kto nie traci nadziei, marzy i szuka własnej drogi pod słońcem.

W tym jednym pocałunku odżyły wszystkie chwile szczęścia, których w życiu zaznałam.

Rozebrał mnie i wszedł we mnie. Czułam jego siłę, jego lęk, jego pożądanie. Sprawiał mi lekki ból, ale to nie miało znaczenia. Podobnie jak nie miała znaczenia rozkosz, jakiej doznawałam w tej chwili. Tuliłam do siebie jego głowę i wsłuchiwałam się w jego przyśpieszony oddech, dziękując Bogu za to, że był teraz we mnie i dawał mi poczucie, jakby to się działo po raz pierwszy w życiu.

Kochaliśmy się całą noc, a miłość przeplatała się ze snem i jawą. Czułam go w swoim ciele i obejmowałam go z całych sił, jakbym za wszelką cenę chciała się upewnić, że to wszystko prawda i nie dopuścić, by zniknął we mgle jak ci błędni rycerze, którzy ongiś żyli w tym zamku, przemienionym dzisiaj na hotel.

Kamienne mury zdawały się opowiadać historie dam, które, roniąc łzy, wyglądały całymi dniami przez okno – wierząc, że na horyzoncie pojawi się jakiś znak, bodaj cień nadziei.

Przysięgłam sobie, że nigdy nie będę żyła jak one. I nigdy go nie utracę. Zostanie ze mną na dobre i na złe, bo słyszałam głos Ducha Świętego, który przekonał mnie, że nie popełniam grzechu. Będę towarzyszką jego życia. Razem przetrzemy szlaki do lepszego świata. Będziemy mówić o Wielkiej Matce, będziemy walczyć u boku archanioła Michała, będziemy żyć niepokojem i radością pionierów. To wszystko powiedział mi głos Ducha Świętego, i zaufałam mu, gdyż na nowo odnalazłam wiarę.

czwartek
9 grudnia 1993

Obudziłam się w jego objęciach. Słońce dawno już wstało, a z pobliskiego kościoła dobiegało bicie dzwonów. Pocałował mnie na powitanie, jego dłonie pieściły moje ciało.

– Musimy ruszać w drogę – powiedział. – Dzisiaj kończą się wakacje i drogi z pewnością będą przepełnione.

– Nie chcę wracać do Saragossy. Pojadę z tobą tam, dokąd musisz jechać. Wkrótce banki będą otwarte i podejmę pieniądze, by kupić sobie coś do ubrania.

– Przecież powiedziałaś mi, że nie masz zbyt dużo pieniędzy.

– Jakoś sobie poradzę. Muszę stanowczo zerwać z przeszłością. Gdybym wróciła teraz do Saragossy, mogłabym na powrót stać się rozsądna, zająć się przygotowaniami do egzaminu i wytłumaczyć sama sobie, że dwumiesięczna rozłąka z tobą jest czymś normalnym. A jeśli powiodłoby mi się na egzaminach, nie zechciałabym już opuścić Saragossy. Absolutnie nie mogę tam wrócić. Muszę spalić wszystkie mosty między sobą i tamtą kobietą, którą niegdyś byłam.

– Barcelona – powiedział jakby do siebie.

– Co mówisz?

– Nic. Ruszajmy w drogę.

– Ale przecież masz jeszcze ten wykład.

– Dopiero za dwa dni – odrzekł spokojnie, ale ton jego głosu wydał mi się osobliwy. – Pojedźmy przed siebie, dokądkolwiek. Nie mam najmniejszej ochoty jechać prosto stąd do Barcelony.

Wstałam z łóżka. Nie chciałam teraz roztrząsać żadnych problemów. Obudziłam się zapewne w nastroju, w jakim budzimy się zazwyczaj po pierwszej miłosnej nocy – lekko zakłopotani i onieśmieleni. Podeszłam do okna, odsunęłam zasłony i wyjrzałam na ulicę. Na balkonach suszyła się bielizna. Z oddali dobiegało bicie dzwonów.

– Mam pewien pomysł – powiedziałam. – Pojedźmy do miejsca, które odkryliśmy jako dzieci. Nigdy więcej tam nie powróciłam.

– Ale dokąd?

– Do klasztoru Piedry.

Kiedy wyszliśmy z hotelu, dzwony ciągle biły. Zaproponował, żebyśmy choć na chwilę zajrzeli do tego kościoła.

– Nic innego nie robimy, cały czas tylko kościoły, modlitwy i ceremonie – żachnęłam się.

– Kochaliśmy się przecież – odparł. – Upiliśmy się po trzykroć. Wędrowaliśmy po górach. Wydaje mi się, że dbaliśmy o równowagę między obowiązkami i przyjemnością.

Palnęłam głupstwo. Powinnam zacząć powoli przyzwyczajać się do nowego trybu życia.

– Wybacz mi, proszę.

– Wejdźmy tam choć na chwilę. Bicie tych dzwonów jest dla nas znakiem.

Miał całkowitą rację, ale miałam się o tym przekonać dopiero nazajutrz rano. Nieświadomi jeszcze wówczas tego przesłania, wsiedliśmy do samochodu i po czterech godzinach dotarliśmy do klasztoru Piedry.

Dach już dawno się zawalił, a nielicznym figurom świętych – poza jedną – odrąbano głowy.

Rozejrzałam się wkoło. W dalekiej przeszłości miejsce to dawało schronienie ludziom wielkiego ducha, którzy dbali o czystość każdego kamienia i o to, by każdą ławkę zajmował jakiś możny tamtej epoki. Teraz stałam przed jedną wielką ruiną. Niegdyś nasza dziecięca wyobraźnia zamieniała ją w zamki, w których bawiliśmy się razem, a ja szukałam tam swojego zaczarowanego księcia.

Przez całe wieki mnisi z klasztoru Piedry sprawowali pieczę nad tą cząstką raju. Klasztor zbudowano na dnie wąwozu i w naturalny sposób otrzymywał to, o co okoliczni wieśniacy musieli żebrać – wodę. Bowiem rzeka Piedra tworzyła tu istny różaniec wodospadów, źródeł i stawów, co sprzyjało bujnej roślinności.

Wystarczyło podejść kilkaset metrów i wyjść z wąwozu, by ujrzeć wokół istną pustynię. Rzeka po przebyciu owej niecki stawała się cieniutkim strumykiem, tak jakby w tym właśnie miejscu zużywała całą siłę swojej młodości.

Mnisi wiedzieli o tym dobrze i słono kazali płacić za wodę swoim sąsiadom. Dzieje klasztoru naznaczyły liczne starcia pomiędzy zakonnikami i wieśniakami.

W końcu podczas jednej z wojen, które wstrząsnęły Hiszpanią, klasztor Piedry został zamieniony w twierdzę. W głównej nawie trzymano konie, a żołdacy biwakowali na ławach, opowiadali sprośne historie i zabawiali się z okolicznymi wieśniaczkami.

Kara – co prawda nieco spóźniona – w końcu nadeszła. Klasztor został splądrowany i zniszczony doszczętnie.

Nigdy więcej nie udało się mnichom odzyskać owego raju. W trakcie jednego z licznych procesów sądowych, które potem miały miejsce, ktoś twierdził, że tutejsi mieszkańcy dokonali Boskiego wyroku. Bowiem Chrystus mówił: „Dajcie pić spragnionemu", a zakonnicy pozostawali głusi na jego słowa. I Bóg wygnał tych, którzy poczuli się panami natury.

Pewnie z tej przyczyny sam kościół pozostał dotąd w ruinie, zaś znaczną część klasztoru odrestaurowano i przeznaczono na hotel. W pamięci potomków okolicznych wieśniaków zakorzeniła się do dziś zawrotna cena, jaką ich ojcowie musieli płacić za coś, czym przyroda obdarza za darmo.

– Kogo przedstawia jedyna figura, która zachowała się w całości? – spytałam zaciekawiona.

– Świętą Teresę z Avila. Ona posiada moc. I mimo głodu zemsty, który podsycają wojny, nikt nie ośmielił się podnieść na nią ręki.

Ujął moją dłoń i wyprowadził mnie z kościoła. Chodziliśmy po nie kończących się klasztornych korytarzach, wspinaliśmy po drewnianych, szerokich schodach i ujrzeliśmy mnóstwo motyli, fruwających po klasztornym dziedzińcu. Każdy najdrobniejszy szczegół tego klasztoru wrył się w moją pamięć, ponieważ trafiłam tu po raz pierwszy jako dziecko, a to, co wydarzyło się dawno temu, pozostaje w pamięci bardziej żywe niż to, co zdarzyło się wczoraj.

Pamięć. Wszystkie te dni i miesiące poprzedzające ostatni tydzień wydawały mi się jakby z innego życia. Była to epoka, do której nie chciałam już nigdy powrócić, ponieważ nie musnęło jej skrzydło miłości. Wydawało mi się teraz, że wszystkie te lata były jak jeden dzień. Każde przebudzenie było jednakowe, powtarzałam bez przerwy te same słowa i śniłam sny podobne do siebie.

Przypomniałam sobie rodziców, ich ojców i matki, moich przyjaciół. Przypomniałam sobie czasy, w których walczyłam o coś, czego w rzeczywistości wcale nie pragnęłam.

Po co robiłam to wszystko? W żaden sposób nie potrafiłam sobie tego wytłumaczyć. Może byłam zbyt leniwa, by wyobrazić sobie inną dla siebie drogę? Może bałam się tego, co pomyślą inni? Może bycie innym wymaga zbyt wiele wysiłków? A może człowiek skazany jest na podążanie śladem poprzednich pokoleń do czasu – i tu powróciły do mnie słowa ojca przełożonego – kiedy określona liczba osób zacznie myśleć i postępować inaczej? Wtedy dopiero świat się zmieni, a my razem z nim.

Nie mogłam już dłużej żyć tak jak kiedyś. Los oddał mi to, co do mnie należało, a dziś dawał mi szansę, abym sama się zmieniła i pomogła przeobrazić świat.

Pomyślałam o górach i o alpinistach, których napotykaliśmy na szlakach naszych wędrówek. Byli to młodzi ludzie, nosili stroje w jaskrawych kolorach, aby w razie potrzeby łatwo ich było odnaleźć w śniegu, i znali podejścia wiodące na szczyty. Dziś zbocza naszpikowane są aluminiowymi hakami wbitymi w skałę. Wspinaczka sprowadza się wyłącznie do przeciągania liny przez muszkietony, aby podejść bezpiecznie. Ludzie ci wdrapują się wysoko, by zakończyć tydzień przygodą, a w poniedziałek rano wrócić do powszednich zajęć z przekonaniem, że rzucili wyzwanie przyrodzie i udało im się ją okiełznać.

W rzeczywistości działo się zupełnie inaczej. Prawdziwymi bohaterami byli ci, którzy pierwsi przecierali szlaki wiodące na wierzchołki gór. Jedni z nich nie dochodzili nawet do połowy i ginęli w przepaściach. Inni odmrażali sobie palce, które trzeba było amputować. Po wielu wszelki słuch zaginął. Aż pewnego dnia jakiemuś szczęśliwcowi udało się dotrzeć na sam szczyt. Przed nim pierwszym roztaczał się najdalszy horyzont. Radość rozpierała mu serce, bowiem podjął ryzyko i jego zwycięstwo wieńczyło wspólne wysiłki wszystkich poprzedników, którzy zginęli, nie wytrzymując próby.

Być może ludzie na dole mówili: „Cóż tam takiego ciekawego na tej górze? Ot, zwykły pejzaż. I po co tyle zachodu?". Lecz dla pierwszego alpinisty pasjonujące było przyjąć wyzwanie i iść ciągle naprzód. On dobrze wiedział, że żaden dzień nie przypomina innego i że każdego ranka wydarza się niepowtarzalny cud, owa *magiczna chwila*, w której dawne światy sypią się w ruinę i rodzą się nowe gwiazdy.

Pierwszy człowiek wspinający się na szczyt musiał zadawać sobie to samo pytanie, spoglądając w dół na maleńkie domy z dymiącym kominem: „Dla tych ludzi każdy dzień jest podobny do siebie. I cóż w tym ciekawego?".

Dzisiaj najwyższe szczyty są już dawno zdobyte, astronauci chodzą po Księżycu, a na oceanie nie pozostała do odkrycia nawet najmniejsza wysepka. Pozostają nam zatem wielkie przygody duchowe. I oto stałam przed jedną z nich, i było to błogosławieństwo. Ojciec przełożony nic nie zrozumiał. Cierpienia nikomu nie szkodzą.

Błogosławieni, którzy stawiają pierwsze kroki. Bowiem nadejdzie dzień, w którym ludzkość dowie się, że człowiek jest zdolny przemawiać językiem aniołów, że wszyscy nosimy w sobie dar Ducha Świętego i możemy czynić cuda, uzdrawiać, przepowiadać przyszłość, rozumieć.

Popołudnie spędziliśmy, wędrując po wąwozie i wspominając stare czasy. Podczas podróży do Bilbao wydawał się zupełnie nie zainteresowany Sorią, ale dzisiaj zaskoczył mnie. Wypytywał o szczegóły z życia naszych wspólnych przyjaciół, chciał koniecznie wiedzieć, kim się stali i czy byli szczęśliwi.

W końcu dotarliśmy do największego wodospadu Piedry, który gromadzi wody wielu małych potoków i spada z wysokości trzydziestu metrów. Stanęliśmy pod nim i wsłuchiwaliśmy się w ogłuszający huk wody, oczarowani wodną tęczą, obecną zazwyczaj wokół wielkich kaskad.

– Koński Ogon – rzekłam zdziwiona, że pamiętam jeszcze tę nazwę, którą usłyszałam tak dawno temu.

– Przypomina mi się... – zaczął.

– Wiem, co chcesz powiedzieć! – przerwałam mu podniecona.

Oczywiście, że wiedziałam! Wodospad krył olbrzymią jaskinię. Pamiętałam dobrze, że po powrocie z naszej pierwszej wyprawy do klasztoru Piedry długo nie przestawaliśmy o niej mówić.

– Jaskinia! – dokończył w zamyśleniu. – Chodźmy tam.

Przejście przez wodną ścianę było niemożliwe. Mnisi wybudowali ongiś tunel, który zaczynał się w najwyższym punkcie wodospadu i schodził w głąb groty. Bez trudu odszukaliśmy wejście. Latem zapewne latarnie oświetlały drogę turystom, ale o tej porze roku byliśmy tu sami i w tunelu panowały zupełne ciemności.

– Idziemy tam mimo wszystko? – spytałam.

– Oczywiście. Nie obawiaj się niczego, możesz na mnie polegać.

Zaczęliśmy schodzić do jamy znajdującej się tuż obok wodospadu. Wprawdzie nie widzieliśmy absolutnie nic, ale pamiętaliśmy jeszcze drogę z dzieciństwa. A zresztą powiedział przecież, żebym mu zaufała.

"Dzięki Ci, Boże – pomyślałam, gdy zagłębialiśmy się coraz bardziej we wnętrze ziemi. – Dzięki Ci, bo byłam zbłąkaną owieczką, a Ty mnie odnalazłeś; bo moje życie zamarło, a Ty je wskrzesiłeś; bo miłość opuściła moje serce, a Ty przywróciłeś mi jej łaskę".

Wsparłam się na jego ramieniu. Mój wybrany prowadził mnie ścieżkami mrocznej otchłani – wierząc, że w końcu dotrzemy do światła, które napełni nas radością. Może kiedyś w przyszłości, jaka nam jest pisana, sytuacja się odwróci i to ja poprowadzę go z tym samym przekonaniem, z tą samą ufnością, że dotrzemy do miejsca, gdzie czekać na nas będzie bezpieczne schronienie.

Posuwaliśmy się powoli, a droga wydawała się bez końca. Czy był to znowu swoisty rytuał znaczący koniec pewnej epoki, w której żadne, nawet najmniejsze światełko nie przyświecało mojemu istnieniu? W miarę jak posuwałam się tym mrocznym korytarzem, myślałam coraz bardziej o straconym czasie, kiedy to próbowałam zapuścić korzenie w miejscu, gdzie nic nie mogło wyrosnąć.

Ale Bóg był szczodry i przywrócił mi zapomniany entuzjazm, przygody, o jakich marzyłam, mężczyznę, na którego czekałam całe życie. Nie czułam cienia wyrzutów sumienia, że porzucił dla mnie seminarium, bowiem – jak mówił przeor – istniało wiele sposobów, by służyć Bogu, i nasza miłość powiększy ich liczbę. Dzięki niemu znowu miałam sposobność służenia ludziom i niesienia im pomocy.

Pójdziemy razem przez świat. On będzie dodawał otuchy innym, ja dodam otuchy jemu.

"Dzięki Ci, Panie, za pomoc w tej służbie. Naucz mnie być jej godną. Daj mi siłę potrzebną do wypełnienia jego misji, do wędrówki przez świat, do rozkwitu mojego życia duchowego. Niech wszystkie nasze dni staną się podobne tym: z miejsca na miejsce, uzdrawiając chorych, pocieszając upadłych, mówiąc o miłości, jaką Wielka Matka darzy nas wszystkich".

Nagle usłyszeliśmy znowu szum wody, naszą drogę przecięło ostre światło, a ciemny tunel otworzył się na najpiękniejszy ziemski spektakl. Znaleźliśmy się w środku olbrzymiej groty, przestronnej niczym katedra. Jej trzy ściany tworzyły skały, zaś czwartą był Koński Ogon, wodospad spadający do szmaragdowego jeziora u naszych stóp.

Promienie zachodzącego słońca przenikały przez gęstą kurtynę wody i lśniły na mokrych ścianach skalnych.

Milczeliśmy zauroczeni. Dawno temu, gdy jeszcze byliśmy dziećmi, miejsce to było kryjówką piratów, gdzie zakopywaliśmy skarby naszej dziecięcej fantazji. Dzisiaj był to cud Ziemi-Matki. Czułam się tak, jakbym była w jej łonie, wiedziałam, że mnie otula swoimi czułymi ramionami. Jej ściany chroniły nas, zaś jej wodne strugi zmywały z nas wszelkie grzechy.

– Dzięki – powiedziałam na głos.

– Komu dziękujesz?

– Jej. Ale i tobie, bo przyczyniłeś się do tego, że odzyskałam wiarę.

Zbliżył się do brzegu podziemnego jeziora. Wpatrując się w jego szmaragdowe wody, uśmiechnął się.

– Podejdź tutaj – powiedział.

Zbliżyłam się do niego.

– Muszę powiedzieć ci coś, o czym jeszcze nie wiesz.

Jego słowa obudziły we mnie cień obawy, ale wyraz jego oczu uspokoił mnie od razu.

– Każdy z nas posiada jakiś dar. U niektórych przejawia się on spontanicznie, inni docierają do niego za cenę wielu wyrzeczeń. Dla mnie były to cztery lata spędzone w seminarium.

Musiałam udać, że nie wiem, o co chodzi.

"Nie – mówiłam sobie. – Jest dobrze jak jest. To ścieżka radości, a nie frustracji".

– A cóż takiego dzieje się w seminarium? – zapytałam, by zyskać na czasie i lepiej przygotować swoją rolę.

– Nie w tym rzecz. Chodzi o to, że wypracowałem tam w sobie pewien dar. I potrafię uzdrawiać ludzi, jeśli Bóg sobie tego życzy.

– A to dopiero! – wykrzyknęłam, udając zdumienie. – W takim razie nie wydamy ani grosza na lekarzy.

Nie roześmiał się, a ja poczułam się nieswojo.

– Ów dar rozwinąłem w sobie dzięki praktykom charyzmatycznym, których byłaś świadkiem. Z początku byłem tym oszołomiony. Modliłem się żarliwie, błagałem o zesłanie Ducha Świętego, a kiedy dotykałem chorych, przywracałem im zdrowie. Wieść o moich zdolnościach zaczęła się szybko rozchodzić i codziennie u wrót klasztoru ustawiali się w kolejce ludzie pełni nadziei, że potrafię im pomóc. W każdej cuchnącej i zaognionej ranie widziałem rany Chrystusa.

– Jestem z ciebie dumna.

– W klasztorze większość mnichów niechętnym okiem przyglądała się moim poczynaniom, ale ojciec przełożony zawsze mnie popierał.

– I będziemy nadal tak czynić. Przemierzymy razem świat. Ja będę obmywała rany, które ty pobłogosławisz, a Bóg dokona cudu.

Odwrócił wzrok ode mnie i zatopił spojrzenie w tafli wody. Czułam czyjąś obecność w tej grocie, zupełnie jak tamtej nocy, kiedy siedzieliśmy przy studni w Saint-Savin.

– Wprawdzie już ci to kiedyś opowiadałem, ale opowiem jeszcze raz. Pewnej nocy obudziłem się i cały mój pokój skąpany był w jasności. Ujrzałem wtedy oblicze Wielkiej Matki i Jej spojrzenie pełne miłości. Od tej pory co jakiś czas widywałem Ją. Ale to nie ja Ją przywołuję. Ona pojawia się sama.

Wiedziałem już wówczas o osiągnięciach prawdziwych odnowicieli Kościoła. Wiedziałem, że – prócz uzdrawiania – moim zadaniem na ziemi będzie wydeptywanie drogi, aby Bóg-Kobieta na powrót został uznany. Z moją pomocą filar kobiecy, kolumna łaski miała stanąć na nowo, a świątynia mądrości odrodzić się w ludzkich sercach.

Przypatrywałam mu się bacznie. Wyraz jego twarzy, dotąd napięty, stawał się na powrót spokojny.

– Byłem gotów zapłacić za to każdą cenę.

Zamilkł, nie wiedząc jak mówić dalej.

– Co znaczy „Byłem gotów zapłacić..."? – spytałam.

– Drogę dla Bogini można by otworzyć po prostu za pomocą słów i cudów. Ale nie tak wygląda świat. Niestety, będzie to o wiele trudniejsze, pełne łez, bólu i niezrozumienia.

"Przeor próbował pewnie zaszczepić lęk w jego sercu – pomyślałam natychmiast. – Ale ja będę jego podporą".

– To nie jest droga bólu – odrzekłam – lecz droga chwalebnej służby.

– Większość ludzi urąga miłości.

Domyśliłam się, że pragnął powiedzieć mi coś ważnego, ale nie potrafił znaleźć słów. Chciałam mu jakoś pomóc, więc przerwałam :

– Myślałam o tym. Pierwszy człowiek, który zdobył najwyższy szczyt Pirenejów, mówił sobie, że życie bez przygód byłoby egzystencją odartą z łaski.

– Co ty wiesz o łasce? – w jego głosie znowu wyczułam napięcie. – Jednym z imion Wielkiej Matki jest Nasza Pani Łaskawa i Jej hojne ręce obsypują błogosławieństwem tych, którzy potrafią je przyjąć. Nie mamy prawa osądzać życia bliźniego, bo każdy zna jedynie swój ból i swoje wyrzeczenia. Inną rzeczą jest myśleć, że jesteśmy na dobrej drodze, a jeszcze inną wierzyć, że to jedyna droga. Chrystus powiedział: „Jest wiele mieszkań w domu mojego Ojca". Dar uzdrawiania jest łaską. Ale łaską jest również umiejętność godnego życia, miłości bliźniego, poszanowania pracy. Ziemski małżonek Marii pokazał nam wartość anonimowej pracy. Zawsze stał w cieniu, jednak swym pokornym wysiłkiem zapewniał przecież byt i dach nad głową żonie i synowi, aby mogli wypełniać swoje przeznaczenie. Jego rola była równie istotna, choć dzisiaj niemal nikt nie przywiązuje do tego większej wagi.

Nic nie odrzekłam. Ujął moją dłoń w swoją.

– Wybacz mi brak tolerancji – powiedziałam i ucałowałam jego rękę, przytknęłam ją do twarzy.

– To właśnie chciałem ci wytłumaczyć – rzekł z uśmiechem. – Odkąd cię odnalazłem, powiedziałem sobie, że nie mam prawa narażać cię na cierpienie z racji mojego posłania.

Zaczęłam odczuwać niepokój.

– Skłamałem wczoraj. Obiecuję, że było to pierwsze i ostatnie kłamstwo wobec ciebie. Tak naprawdę wcale nie udałem się do seminarium, ale poszedłem w góry, aby porozmawiać z Wielką Matką. Powiedziałem Jej, że jeśli sobie tego życzy, opuszczę cię i podążę dalej swoją drogą. Znów chorzy pojawią się u moich drzwi, powrócą nocne wizyty, brak zrozumienia u tych, co zaprzeczają istnieniu Boga, cyniczne spojrzenia innych, którzy nie wierzą, że miłość może zbawić. Gotów byłem zapomnieć o tym, co mi w życiu najdroższe – o tobie, gdyby Ona sobie tego zażyczyła.

Znów pomyślałam, że przeor miał rację, twierdząc, że on właśnie dokonuje wyboru.

– Jeśli jednak mógłbym odsunąć ów kielich od siebie, przysiągłbym służyć światu miłością, jaką mam dla ciebie.

– O czym ty mówisz? – spytałam, całkiem przerażona.

Wydawało się, że wcale mnie nie słuchał.

– Nie trzeba przenosić gór, by dać dowody swojej wiary. Byłem gotów przyjąć cierpienie i z nikim go nie dzielić. Jeśli dalej podążałbym drogą, na którą wkroczyłem, nigdy nie zamieszkalibyśmy w domu z białymi firankami i widokiem na szczyty gór.

– Nie chcę już więcej słyszeć o tym domu! Nie chcę go znać! – powiedziałam rozpaczliwie, próbując powstrzymać się od krzyku. – Jedyne, czego pragnę, to pójść z tobą, być u twego boku w codziennej walce i żyć jak ci wszyscy, którzy nie lękają się pójść pierwsi. Czyż nie rozumiesz tego? Przywróciłeś mi przecież wiarę!

Słońce przesunęło się i jego promienie padały teraz na skalne ściany groty. Ale całe to piękno utraciło nagle swój urok.

Bóg ukrył piekło w samym sercu raju.

– Przestań, proszę – rzekł błagalnie. – Nie wiesz, co to ryzyko.

– Przecież byłeś szczęśliwy od lat, wystawiając się na nie!

– I jestem szczęśliwy, ale dotąd było to tylko moje ryzyko.

Chciałam mu przerwać, ale nie słuchał mnie wcale.

– A zatem wczoraj poprosiłem Najświętszą Pannę o pomoc. Poprosiłem, aby odebrała mi mój dar.

Nie chciałam wierzyć własnym uszom.

– Mam trochę zaoszczędzonych pieniędzy i doświadczenie, jakie dały mi lata podróży. Kupimy gdzieś dom, znajdę jakąś pracę i będę służyć Bogu jak święty Józef, w pokorze. Nie potrzebuję cudów, by ożywiły moją wiarę. Potrzebuję ciebie.

Czułam, że kolana uginają się pode mną, jakbym zaraz miała zemdleć.

– I kiedy prosiłem Matkę Boską, aby odebrała mi dar uzdrawiania, usłyszałem głos: „Połóż swe dłonie na ziemi, a wtedy dar wyjdzie z ciebie i powróci do Matki”.

Ogarnęła mnie panika.

– Nie chcesz przez to powiedzieć, że...

– Tak. Uczyniłem to, co nakazał mi Duch Święty. Wtedy mgła się uniosła i między wierzchołkami gór pojawiło się słońce. Czułem, że Najświętsza Panna zrozumiała mnie, bo i Ona kochała tak jak ja.

– Ale przecież Ona podążyła za człowiekiem, którego kochała! Do ostatnich dni towarzyszyła swojemu Synowi!

– My nie mamy w sobie tej samej siły, Pilar. Mój dar przypadnie teraz w udziale komuś innemu, i nigdy nie zaginie. Z oberży, gdzie zatrzymaliśmy się wczoraj, zadzwoniłem do Barcelony i odwołałem swój wykład. Pojedziemy do Saragossy, znasz tam ludzi, tam możemy rozpocząć wspólne życie. Na pewno prędko znajdę jakąś posadę.

Nie byłam w stanie myśleć.

– Pilar!

Na powrót wpadłam do czarnego tunelu, tym razem bez przyjaznego ramienia, na którym mogłabym się wesprzeć, ścigana przez tłumy chorych, którzy musieli umrzeć, przez ich cierpiące rodziny, przez nie dokonane cuda, przez uśmiechy, które nie upiększą świata, przez góry, które pozostaną na swoim miejscu.

Nie widziałam nic, jedynie ciemność niemal namacalną, która mnie osaczała ze wszystkich stron.

piątek
10 grudnia 1993

Na brzegu rzeki Piedry usiadłam i płakałam. Wspomnienie tej nocy zatarło się i wyblakło. Wiem tylko, że byłam bliska śmierci, choć nie mogę już sobie przypomnieć jej oblicza ani tego, dokąd mnie wiodła. A chciałabym pamiętać, by i ją wypędzić z mojego serca. Niestety, nie udało się Wszystko było snem od chwili, gdy wydobyłam się z ciemnego tunelu na świat, gdzie zapadła już głucha noc.

Na niebie nie świeciła żadna gwiazda. Z trudem przypomniałam sobie, że dotarłam do samochodu, wyjęłam z niego swoją torbę i ruszyłam przed siebie bez celu. Dotarłam pewnie do jakiejś drogi i próbowałam dostać się do Saragossy. Ostatecznie, sama nie wiem jak, wylądowałam w klasztornym ogrodzie.

Szum wody towarzyszył mi nieustannie, zewsząd dobiegał mnie huk spadającego wodospadu i czułam obecność Wielkiej Matki, która podążała za mną krok w krok. Z pewnością kochała świat, tak samo jak kochał go Bóg, gdyż poświęciła swojego Syna dla zbawienia ludzkości. Ale czy potrafiła pojąć miłość kobiety do mężczyzny?

Owszem, cierpiała z miłości, ale była to przecież inna miłość. Jej niebiański Małżonek był wszechwiedzący i wokół czynił cuda. Jej ziemski towarzysz był tylko pokornym rzemieślnikiem wierzącym w to, co podpowiadały mu sny. Ona nigdy nie porzuciła mężczyzny i nie zaznała smaku rozstania. Kiedy Józef postanowił wygnać Ją z domu, gdyż była brzemienna, Bóg natychmiast wysłał anioła, by temu zapobiec.

Wprawdzie porzucił Ją Syn, ale dzieci zawsze kiedyś opuszczają rodziców i jest to naturalna kolej rzeczy. Łatwo jest cierpieć z powodu miłości do bliźniego, do świata czy do dziecka. Ten ból stanowi część życia i takie cierpienie jest szlachetne, wysublimowane. Łatwo jest cierpieć dla jakiejś sprawy, dla jakiegoś powołania, gdyż od takiego bólu tylko serce rośnie.

Ale cóż właściwie znaczy cierpieć dla mężczyzny? Zupełnie nic. Jedynie życie staje się podobne do piekła. Ani wielkie, ani szlachetne – ot, zwykła marność.

Tamtej nocy położyłam się na gołej ziemi. Jej chłód szybko mnie przeniknął i całkiem znieczulił na ból. Przebiegła mi przez głowę myśl, że umrę z zimna, jeśli nie znajdę jakiegoś przykrycia. Ale trwało to tylko chwilę, no bo co z tego, że umrę? Najważniejsza część mojego życia została mi ofiarowana hojną ręką, w ciągu ostatniego tygodnia, i odebrano mi ją w okamgnieniu, nim zdążyłam cokolwiek powiedzieć.

Moje ciało wstrząsały dreszcze, lecz było mi wszystko jedno. W końcu przecież przestanie drżeć, kiedy już wyczerpie się cała energia, która próbuje je rozgrzać. Wtedy moje ciało odzyska spokój, a śmierć weźmie mnie w swoje ramiona.

Dygotałam ponad godzinę, aż wszystko ustało. Nim jednak zamknęłam oczy, usłyszałam głos mojej matki. Opowiedziała mi historię, którą pamiętałam z dzieciństwa, choć nigdy dotąd nie przypuszczałam, że będzie mnie kiedyś dotyczyć.

"Dwoje młodych ludzi zakochało się w sobie bez pamięci – głos matki docierał do mnie w malignie. – Postanowili zatem zaręczyć się. Zazwyczaj narzeczeni obdarzają się nawzajem prezentami. Ale młodzieniec był biedny. Jedyną cenną rzeczą, jaką posiadał, był zegarek odziedziczony po dziadku. Pomyślał więc o pięknych włosach swojej wybranki i postanowił sprzedać zegarek, by kupić jej srebrny grzebień.

Dziewczyna również nie miała pieniędzy na zaręczynowy prezent. Poszła zatem do najbogatszego kupca w okolicy i sprzedała mu swoje włosy. Za uzyskane pieniądze mogła podarować swojemu ukochanemu złoty łańcuszek do zegarka.

A kiedy nadszedł dzień zaręczyn, ona dała mu łańcuszek do sprzedanego zegarka, a on jej grzebień do obciętych włosów."

Jakiś mężczyzna silnie mną potrząsnął. Obudziłam się.

– Proszę natychmiast to wypić – krzyczał.

Nie rozumiałam, co się dzieje, ale nie miałam sił, by sprzeciwić się jego woli. Otworzył mi usta i zmusił do wypicia płynu, który palił mi gardło. Zobaczyłam, że był w samej koszuli, gdyż przykrył mnie swoim ubraniem.

– Jeszcze trochę – nalegał.

Ciągle jeszcze nie wiedziałam, co się dzieje. Mimo to posłuchałam go – i znowu zamknęłam oczy.

Następnym razem obudziłam się już w klasztorze. Jakaś kobieta przyglądała mi się bacznie.

– O mały włos nie umarłaś – rzekła. – I gdyby nie klasztorny dozorca, nie byłoby cię z nami.

Podniosłam się na chwiejnych nogach. Wczorajsze wydarzenia zaczęły powoli powracać w mojej pamięci. Żałowałam, że ten człowiek mnie uratował. Ale było już za późno – pora śmierci minęła, teraz miałam dalej żyć.

Kobieta zaprowadziła mnie do kuchni i poczęstowała kawą, chlebem, ciastkami. O nic mnie nie pytała, a i ja nie odzywałam się ani słowem. Kiedy skończyłam jeść, oddała mi moją torbę.

– Sprawdź, proszę, czy nic nie brakuje.

– Z pewnością nic. Zresztą i tak niewiele w niej miałam.

– Masz całe życie przed sobą, moje dziecko. Długie życie. I proszę o nie dbać.

– Niedaleko stąd znajduje się mały wiejski kościół – powiedziałam, powstrzymując łzy napływające mi do oczu. – Wczoraj poszłam tam z...

Nie wiedziałam, co powiedzieć.

– ...z przyjacielem z dzieciństwa. Miałam już dość zwiedzania kościołów, ale akurat biły dzwony i on powiedział, że to na pewno jest znak i koniecznie powinniśmy tam pójść.

Kobieta ponownie napełniła moją filiżankę, nalała i sobie trochę kawy i usiadła, by wysłuchać mojej opowieści.

– Weszliśmy zatem do tego kościoła. W środku nie było żywej duszy, panował półmrok. Szukałam jakiegoś znaku, ale widziałam tylko ołtarz i wizerunki świętych, podobne do wielu innych. Nagle posłyszeliśmy jakieś odgłosy dobiegające z górnej części kościoła, tam gdzie zazwyczaj stoją organy. Przyszli jacyś młodzi ludzie z gitarami i natychmiast zaczęli stroić swoje instrumenty. Postanowiliśmy usiąść i posłuchać chwilę muzyki, zanim ruszymy w dalszą drogę. Niedługo potem wszedł jakiś mężczyzna i usiadł nie opodal nas. Był rozbawiony i krzyknął do muzykantów, żeby zagrali *paso doble*.

– Hymn walki byków! – żachnęła się kobieta. – Mam nadzieję, że go nie posłuchali.

– Nie. Roześmiali się tylko i zagrali *flamenco*. Odnieśliśmy oboje wrażenie, jakby niebo spłynęło na nas. Kościół, przytulna ciemność w nim panująca, dźwięk gitar i wesołość naszego sąsiada – wszystko to miało nadprzyrodzony wymiar. Stopniowo kościół zapełnił się. Chłopcy z werwą grali *flamenco* i wszyscy wchodzący ludzie byli oczarowani ich muzyką. Mój przyjaciel spytał mnie, czy mam ochotę uczestniczyć we mszy, która wkrótce miała się odbyć. Odpowiedziałam przecząco, bo czekała nas jeszcze długa droga. Postanowiliśmy wyjść, dziękując uprzednio Bogu za te wspaniałe chwile. Przy bramie kościoła stwierdziliśmy, że całe tłumy ludzi, może nawet wszyscy mieszkańcy tej osady podążali w stronę kościoła. Pomyślałam, że to pewnie ostatnia wioska w Hiszpanii, gdzie wszyscy są katolikami. Może dlatego, że tamtejsze msze były niezwykle barwne. Ale kiedy wsiadaliśmy już do samochodu, zobaczyliśmy zbliżający się orszak. Mężczyźni nieśli na ramionach trumnę. Chodziło zatem o nabożeństwo żałobne. Kiedy korowód zbliżył się do bram kościoła, ucichło *flamenco* i muzycy zagrali *requiem*.

– Niech Bóg zlituje się nad tą duszą – westchnęła kobieta, żegnając się.

– Niech się zlituje – rzekłam, powtarzając ten sam gest. – Jednak fakt, że weszliśmy akurat wtedy do tego kościoła, był naprawdę znaczący. Bowiem koniec każdej historii zawsze przepojony jest smutkiem.

Kobieta przyglądała mi się bez słowa. Po czym wyszła – i wróciła po chwili z czystymi kartkami papieru i ołówkiem.

– Chodź ze mną.

Wyszłyśmy razem. Na dworze już dniało.

– Odetchnij głęboko – powiedziała. – Niech ten nowy dzień wypełni twoje płuca i popłynie w żyłach. Wygląda na to, że wcale nie przez przypadek zgubiłaś się wczoraj.

Nie odpowiedziałam, zatem mówiła dalej.

– Widzę, że nie pojmujesz jeszcze sensu historii, którą mi przed chwilą opowiedziałaś, ani jej prawdziwego wymiaru. Dostrzegasz jedynie smutny koniec, zapominając o szczęśliwych chwilach spędzonych w kościele, o owym wrażeniu, że niebo spłynęło na was i o szczęściu, że miałaś możność przeżyć to u boku swego...

Przerwała.

– ...przyjaciela z dzieciństwa – dokończyła, uśmiechając się do mnie porozumiewawczo. – Chrystus mówił : *Niech umarli grzebią umarłych*, ponieważ On wiedział, że śmierć nie istnieje. Życie trwało przed nami i będzie trwać po tym, jak znikniemy z tego świata.

Łzy napłynęły mi do oczu.

– Tak samo dzieje się z miłością – ciągnęła dalej. – Istniała przedtem i istnieć będzie zawsze.

– Wydaje mi się, że zna pani moje życie.

– Wszystkie historie miłości mają ze sobą wiele wspólnego. Ja również przeżyłam podobne chwile. Ale już ich nawet nie pamiętam. Wiem tylko, że miłość powróciła do mnie pod postacią innego mężczyzny, z nowymi marzeniami i nową nadzieją.

Wyciągnęła w moją stronę papier i ołówek.

– Opisz to wszystko, co leży ci na sercu. Wydobądź to z głębi duszy, przelej na papier i na koniec wyrzuć. Legenda mówi, iż rzeka Piedra jest tak lodowata, że wszystko, co w nią wpada – liście, owady, pióra ptaków – przemienia się w kamień. Może to i dobry pomysł, by zatopić w jej wodach własne cierpienie?

Wzięłam z jej rąk czyste kartki papieru. Pocałowała mnie i powiedziała, że mogę wrócić na obiad, jeśli tylko będę miała ochotę.

– I nie zapomnij – wykrzyknęła jeszcze za mną. – Miłość trwa wiecznie, to tylko ludzie się zmieniają!

Roześmiałam się, a ona pomachała mi na pożegnanie.

Długo patrzyłam na rzekę i długo płakałam, aż poczułam, że wypłakałam już wszystkie łzy.

Wtedy zaczęłam pisać.

Epilog

Pisałam jeden dzień, drugi, trzeci... Co rano szłam na brzeg rzeki Piedry, a gdy zapadał wieczór, tamta kobieta przychodziła i zabierała mnie do swojego pokoju w starym klasztorze. Prała moją bieliznę, szykowała dla nas kolację, mówiła o błahych sprawach, a na koniec układała mnie do snu.

Pewnego ranka, kiedy kończyłam już prawie mój rękopis, usłyszałam warkot nadjeżdżającego samochodu. Serce ścisnęło mi się w piersi, ale nie dawałam wiary temu, co mi podpowiadało. Czułam się teraz uwolniona od wszystkiego, gotowa powrócić do życia, wziąć od nowa ster w swoje ręce. Najtrudniejsze było już za mną, choć na dnie została resztka melancholijnego żalu. Ale moje serce nie myliło się. Nie podnosząc nawet oczu znad kartki, czułam jego obecność, słyszałam jego kroki.

— Pilar — wyszeptał, siadając obok mnie na brzegu rzeki.

Nie odezwałam się. Pisałam dalej, ale moje myśli rozpierzchły się na wszystkie strony. Serce wyrywało mi się w piersi i chciało biec na jego spotkanie. Ale mu nie pozwoliłam.

Siedział obok mnie, patrząc na rzekę, podczas gdy ja pisałam nieprzerwanie. W ten sposób upłynął nam cały ranek, bez jednego wypowiedzianego słowa. Przypomniałam sobie ciszę tamtego wieczoru na brzegu studni, kiedy zrozumiałam, że go kocham.

A gdy moja ręka zatrzymała się zmęczona pisaniem, odezwał się wreszcie.

– Było całkiem ciemno, gdy wydostałem się z groty, i nie udało mi się trafić na twój ślad. Pojechałem do Saragossy, potem do Sorii. Przemierzyłbym wzdłuż i wszerz cały świat, by cię odnaleźć. W końcu postanowiłem wrócić do klasztoru Piedry, by natrafić na jakiś ślad po tobie, i spotkałem tam pewną kobietę. Powiedziała mi, gdzie jesteś. I dodała, że nie przestałaś czekać na mnie.

Łzy napłynęły mi do oczu.

– Pozostanę tu przy tobie, dopóki przychodzić będziesz na brzeg tej rzeki. A gdy pójdziesz spać, ułożę się do snu u drzwi twojego pokoju. A kiedy odjedziesz, podążę twoim śladem. Aż powiesz mi: Zostaw mnie!, a wtedy odejdę. Ale do końca moich dni nie przestanę cię kochać.

Nie potrafiłam ukryć łez i widziałam, że on również płacze.

– Musisz wiedzieć, że... – zaczął.

– Proszę, nie mów nic. Przeczytaj to – powiedziałam i podałam mu zapisane kartki papieru spoczywające na moich kolanach.

Całe popołudnie spędziłam, wpatrując się w płynące wody rzeki Piedry. Kobieta przyniosła nam chleb i wino, zamieniła z nami kilka słów o pogodzie i zostawiła nas samych.

Wielokrotnie przerywał czytanie i zatopiony w swoich myślach patrzył w dal.

W pewnym momencie postanowiłam przejść się po lesie, i wędrowałam wzdłuż niewielkich wodospadów, po wzgórzach nabrzmiałych historią. Słońce już zachodziło, kiedy wróciłam do miejsca, w którym go zostawiłam.

– Dziękuję – rzekł, zwracając mi rękopis. – Wybacz mi, proszę.

Na brzegu rzeki Piedry usiadłam i roześmiałam się.

– Twoja miłość jest dla mnie ratunkiem i przywraca mi moje marzenia – powiedział.

Nawet nie drgnęłam.

– Czy pamiętasz psalm 137? – zapytał.

Pokręciłam przecząco głową. Bałam się odezwać.

– „Nad rzekami Babilonu..."

– O tak, znam go dobrze – odezwałam się w końcu, czując, że wraca mi ochota do życia. – Mówi o wygnaniu, o ludziach, którzy zawiesili harfy na drzewach, bo nie chcieli więcej śpiewać pieśni, którą nosili w sercu.

– Ale w końcu pieśniarz we łzach nostalgii za krainą swoich marzeń przyrzeka sobie:

Jeruzalem, jeśli zapomnę o tobie,
niech uschnie moja prawica!
Niech język mi przyschnie do podniebienia,
jeśli nie będę pamiętał o tobie,
jeśli nie postawię Jeruzalem
ponad największą moją radość.

Uśmiechnęłam się znowu.

– Już go prawie zapomniałem, a ty pomogłaś mi odzyskać pamięć.

– Czy wierzysz, że dar powróci kiedyś do ciebie? – spytałam.

– Nie wiem. Ale dotąd Bóg zawsze dawał mi powtórną szansę. Dał mi ją i teraz, bym mógł cię odszukać. Potem pomoże mi odnaleźć moją drogę.

– Naszą drogę – poprawiłam go.

– Tak. Naszą drogę.

Chwycił mnie za ręce i podniósł z ziemi.

– Idź zebrać swoje rzeczy. Marzenia wymagają sporo pracy.

Spis treści

PAULO COELHO w POLSCE:

Alchemik [1995]

Na brzegu rzeki Piedry usiadłam i płakałam... [1997]

Piąta Góra [1998]

Weronika postanawia umrzeć [2000]

Podręcznik wojownika światła [2000]

Demon i panna Prym [2002]

Pielgrzym [nakładem wyd. Świat Książki, 2003]

Jedenaście minut [2004]

Zahir [2005]

Być jak płynąca rzeka [nakładem wyd. Świat Książki, 2006]

Czarownica z Portobello [2007]

INSPIRACJE:

Alchemia *Alchemika* • W. Eichelberger w rozmowie z W. Szczawińskim [2001]
Juan Arias • **Zwierzenia Pielgrzyma. Rozmowy z Paulem Coelho** [2003]

· WYDANIE DWUDZIESTE CZWARTE · NAKŁAD **8**000 EGZ · PRINTED IN POLAND

DRZEWO BABEL

WARSZAWA, KWIECIEŃ 2007 ·

Wyłączny dystrybutor

Druk i oprawa:
Z. P. Druk-Serwis G. Górska Sp. j.
ul. Tysiąclecia 8b
06-400 Ciechanów